Les plus belles Histoires d'Amour de Hollywood

DANS LA MÊME COLLECTION

déjà parus :

James Dean
Marilyn Monroe
Clark Gable

à paraître :

Marlène Dietrich
Greta Garbo
Gary Cooper
Ava Gardner
Rita Hayworth
Marlon Brando
Judy Garland

FRANK CUTERLAND

Humphrey Bogart

BALLAND

Collection dirigée par Thérèse Binchet

Fin 1956, les journaux annoncèrent la mort prochaine de Bogart. Bogart commença par rire, puis se fâcha.

— Qu'on dise que j'ai été transporté dans un hôpital qui n'existe pas, passe encore, mais qu'on affirme que je suis au huitième étage d'un immeuble qui n'existe pas, non !

En mars de cette année-là, il avait été opéré de la gorge ; maintenant il pesait quarante-neuf kilos au lieu de ses soixante-sept habituels. Après une deuxième intervention chirurgicale, on le traita au radium. Oui, Bogie agonisait. Il n'avait droit qu'à un seul verre d'alcool par jour. Et ce verre, il le boit lentement, comme un dernier rêve... Il perd ses cheveux... son visage devient bouffi...

Il avait insisté pour passer chez lui les fêtes de Noël, et son cinquante-septième anniversaire, dans sa maison de quatorze pièces, sur Mapleton Drive, à Holmby Hills. Le docteur Brandsma venait le voir tous les jours ; une infirmière le soignait. Il restait allongé sur un divan. Il semblait ne plus penser.

Souvent Lauren Bacall, son épouse, son amour, venait lui prendre la main. Il la regardait de ses yeux gonflés. Il tentait de plaisanter :

— T'en fais pas, Betty, tu m'auras encore longtemps sur le dos...

Mais la belle Lauren n'avait plus du tout envie de plaisanter avec celui qu'elle aimait depuis bientôt douze ans. Souvent, elle allait pleurer dans une pièce à côté ; puis revenait près de son Bogie.

Il s'énervait. Agacé, lui le bagarreur, par cette maladie qui le clouait sur ce divan ou dans son lit ; agacé par les visages tristes ou hypocritement gais de ses amis qui, à partir de cinq heures de l'après-midi, venaient lui rendre visite. Ses amis, comme Truman Capote, le romancier, ou Spencer Tracy, Katharine Hepburn. Ses vieux compagnons du temps du *Faucon maltais,* d'*African Queen.* Il mourait, Bogart, mais s'habillait toujours pour recevoir ses invités, pantalon de flanelle, nœud papillon. Il leur souriait.

Mais Lauren savait que c'en était fini de son bonheur avec lui.

Elle le veillait, discrète et triste ; elle, la star, elle veillait une autre star. Alors Bogie fermait les yeux, pensait à son bateau, son yacht, le *Santana.* Et les flots de la mer mouillaient en rêve son visage de leurs écumes salées.

Et sa Betty, sa Lauren Bacall aux yeux de velours, sa Lauren Bacall à la chevelure de reine blonde, allait et venait dans cette maison, qui lui semblait maintenant si grande, si vide.

Noël passe. Bogart ne peut plus marcher, ni parler. Betty lui serre le poignet.

Le 14 janvier 1957, à deux heures dix du matin, une vague emporta le dernier souffle du tendre baroudeur.

Quelque temps avant, il avait confié à des amis :

— Il y a une période de ma vie que j'aimerais revivre, toutes les années de bonheur passées avec Betty...

I

Trente-trois ans auparavant, en 1924, Humphrey Bogart, dans le fameux Broadway de New York, était un acteur parmi d'autres, jeune premier quelquefois apprécié, dans des rôles à la « Valentino », moustache séductrice et raquette de tennis. Mais le plus souvent, il gagnait sa vie comme régisseur, dans des troupes en province. Il réglait les éclairages, adaptait la mise en scène aux particularités des salles des fêtes dans lesquelles les troupes présentaient « la pièce de l'année ». Cette année 1924, il était régisseur d'une tournée provinciale de la pièce *Drifting*. L'actrice principale, Alice Brady, enceinte jusqu'au bout du nez, ne pouvait continuer la tournée. Les responsables cherchèrent partout une remplaçante. Une certaine Helen Menken, grande brune déjà légèrement célèbre se présenta. Bogart lui fit passer une audition.

Humphrey était un jeune homme de vingt-cinq

ans, aux dents de loup et aux cheveux gominés.
Dandy malgré des costumes souvent fripés, surtout le soir — déjà à cette époque il tenait bien
l'alcool. Il avait une grande réputation de
« noceur »...

L'audition se passait dans la salle de théâtre
d'une petite ville du Texas. C'était grand et
poussiéreux. Des chaises empilées les unes sur les
autres.

Helen Menken, dans la pénombre, entama les
premières répliques de la pièce. Bogie la regardait
d'un œil vague. A dire vrai, il ne l'écoutait pas. Il
admirait ses jambes. Elles étaient longues, à la fois
légères et solides.

Helen s'arrêta brusquement :

— Vous m'écoutez ? demanda-t-elle à Bogie.

— Non. De toute manière, vous êtes engagée. Il
n'y a personne d'autre, il faut jouer et vous avez
une bonne réputation...

— Ce n'est peut-être pas la peine que je conti-
nue à me fatiguer.

— Si. Faites ça pour moi.

— Vous êtes bien arrogant, monsieur.

— J'ai appris ce dur travail, d'être arrogant. Et
je tiens bien mon rôle.

Helen s'approchait de lui. Le toisait. Le regardait attentivement. Le jeune régisseur rougit un
peu ; et finalement baissa les yeux.

— C'est drôle, vous n'avez pas une tête d'ac-

teur. Mais plutôt une tête de boxeur, de faux dur ;
ou de militaire, peut-être.

— C'est tout, oui ?

— Et aussi une tête de chien et de bourrique.

Et puis — mais pourquoi exactement ? — ils
éclatèrent de rire tous les deux. Elle s'assit à côté
de lui. Elle avait de grands yeux. Sa gorge se
serrait. Il n'osait plus regarder ses jambes. Finalement ce jeune dur était assez timide.

— Oui, la tête d'un boxeur, répétait Helen.
Mais peut-être d'un boxeur sympathique... Qui
sait ?

— Qui sait... murmura Bogart.

Le jour baissait. Quelques derniers rayons de
soleil traversaient les poussières de cette salle un
peu minable.

— Et pourquoi vous avez cette cicatrice, sur les
lèvres ?

— Ça, c'est quand j'étais soldat...

— Ah ! parce que vous avez été soldat...

— Oui, pendant la guerre... en 1917, je me suis
engagé dans la *Naval Reserve Corps*, j'ai été
timonier sur un bateau. J'ai passé pas mal de temps
dans les prisons militaires... J'avais une petite amie
que je voulais voir, alors je prenais des permissions
quand ce n'était pas permis. Elle s'appelait Ruth
Rankin, ma petite amie, à l'époque. Mais ce n'était
peut-être pas ma petite amie. C'était peut-être

aussi la petite amie de tout le monde. Enfin... On faisait la fête.

Ses yeux tristes et beaux regardaient intensément Helen. Helen souriait. Soudain, il vit sa bouche. Une large bouche à embrasser le monde entier.

— Pourquoi je vous racontais ça, déjà ?

— A propos de votre cicatrice.

— Ah ! oui. Une nuit, pendant cette période militaire, j'ai accompagné un prisonnier à la prison de Portsmouth ; mais à la gare de Boston, ce prisonnier me frappa au visage avec ses menottes — j'ai tiré sur lui et je l'ai blessé. Ce fut étrange, d'ailleurs : je me demande bien comment j'ai pu le blesser. J'avais toujours pensé que mon revolver n'était pas chargé. J'ai été tout à fait surpris de l'entendre péter ! Finalement, je dois avoir peur des armes à feu.

— Finalement, oui ! disait Helen Menken. Elle souriait, attendrie.

— Mais je saignais, mes lèvres saignaient. Un médecin militaire, à moitié soûl, me recousit vaguement. Depuis ce temps je garde une cicatrice sur la lèvre supérieure.

— Vous aviez quel âge, à l'époque ?

— Dix-huit ans. Ai-je tellement grandi, depuis ?

— Peut-être pas trop.

— Vous savez, je suis né un jour de Noël, en

1899. On n'a pas idée de naître un jour de Noël en 1899. Il faut être idiot pour naître un jour de Noël, non ?

— Certainement.

Ils étaient maintenant dans l'obscurité. Ne se voyaient que les contours du visage. Les yeux d'Helen. Les yeux de Bogart.

— Je n'ai jamais eu de véritable anniversaire à moi. C'est toujours confondu avec le jour de Noël. De quoi devenir fou, non ?

— Absolument. D'ailleurs vous êtes complètement fou. Mais ça vous plaît beaucoup, je pense !

— Attendez, ma folie ne se termine pas là. Mon père est docteur, oui, médecin. Assez farfelu. Et terrible joueur. Ma mère, elle, dessinait dans des magazines. On habitait une grande maison de pierres brunes, à New York. J'avais quatre domestiques irlandais et deux sœurs, Pat et Kay.

— Vous aviez ça à vous tout seul ?

— J'ai fait les écoles religieuses. J'ai été renvoyé de partout.

— C'est pas beau, tout ça.

Helen souriait. Son sourire se voyait, malgré la pénombre.

Pourquoi Bogie lui racontait-il tout ça ? Mais il racontait, il racontait, pour la première fois de sa vie. Comme si sa vie en dépendait.

— A New York, j'ai surtout vécu dans les rues. Vie de bandes et de bagarres. Vous comprenez ?

— Non, moi, vous savez, je suis une chaste jeune fille.

— Enfin, on était des petits hommes crâneurs de onze ans, qui cassaient les lanternes rouges des chantiers avec des revolvers à air comprimé. On courait par groupe, le long de ces hautes maisons de briques garnies d'escaliers et de passerelles de fer. Je faisais ça avec mon copain Bill Brady. C'est mon ami, c'est toujours mon ami.

Helen souriait. C'était la nuit.

— Bill Brady est le fils de William Brady, manager de boxe et entrepreneur de spectacle. C'est grâce à lui que je suis ici. J'avais, à cette époque, la passion du football et surtout de la voile. A quatorze ans j'ai construit mon premier bateau à voile. Je séchais souvent l'école pour voguer à Lake Canandaigna... Et Bill Brady était véritablement comme mon frère. Pensez, son père faisait un métier formidable : organiser des spectacles !

— Oui, oui, disait Helen, doucement.

— Et puis ça a continué comme ça. C'était la guerre. Je rêvais de hauts faits d'armes. Mais mes parents m'envoyèrent à la Philipps Academy, à Andover dans le Massachusetts, d'où était sorti mon père. Je n'y suis pas resté longtemps. J'eus l'idée géniale de jeter un de mes professeurs dans un puits. Je découvrais qu'on peut mieux apprendre le pourquoi des choses hors de l'école. C'est alors que je me suis engagé dans la Naval Reserve Corps.

— Petite forte tête, murmurait Helen.

Bogie ne l'écoutait pas, il parlait, il parlait.

— Après la guerre, j'ai traîné. J'étais désabusé, rigolard. J'ai traîné de métier en métier, contrôleur de chargement, garçon de course, etc. Une vie de fête, comme un bon à rien. Une vie facile, avec toute une jeunesse dorée new-yorkaise qui revenait de la guerre et qui se rattrapait. On a embouti des refuges d'agent de police, on passait en jugement pour excès de vitesse, on cassait la voiture de mon père, vous voyez le tableau.

— Oui, je vois. Helen ne souriait plus ; elle regardait intensément Bogart, elle essayait de l'imaginer... à cette époque. Il avait l'air si enfantin.

— Grâce à mon ami Bill, à sa sœur Alice, aussi, j'ai pu trouver ma voie : Bill et Alice supplièrent leur père de m'engager dans ses troupes. Et c'est ainsi que je devins régisseur dans les tournées de province organisées par le vieux Brady père. J'ai tout fait, dans ces théâtres de province, partout en Amérique : machiniste, bruiteur, accessoiriste, tout ce qu'on veut. Je suis même monté sur scène. Je remplace un figurant. Et du coup j'obtiens des rôles de jeune premier. Et puis, un jour, je joue une pièce, *Nerves,* avec Mary Philipps. Et j'ai du succès. Je ne sais pas pourquoi je vous raconte tout cela. Vous voyez : je suis un jeune comédien qui peut percer, mais qui, pour vivre, est obligé d'être régisseur. C'est tout.

— C'est déjà beaucoup.

L'obscurité. De Bogart se dégageait une fièvre, une tendresse, une tendresse maladroite et jeune.

Mais Bogie n'avait pas tout raconté à Helen.

Ses amours, ceux d'enfance : Alice, la sœur de son ami Bill. Tout enfant, il lui offrait les fruits de leurs rapines dans les rues : des bouts de ficelle, de vieilles chaussures, des poupées cassées. Mais Alice se moque bien de cela. Elle en rit. Et s'en va, gamine, en trottinant dans les rues.

Et puis il y a l'amour d'adolescent : Pickles. En 1914, il avait quinze ans. La bien bourgeoise famille Bogart — qui ignorait complètement les frasques de son fils chéri dans les rues — passa les vacances d'été à Fire Island. Loin des rues de New York Bogie s'ennuyait à mort. Et voilà qu'il rencontra une gamine avec des taches de rousseur, qui se nommait Pickles. Oh ! Pickles ! Le jeune garçon oublia ses émotions déçues avec Alice Brady et ne rêva plus que de Pickles. Une nuit, en mangeant des hot dogs sur la plage, ils échangèrent leur premier baiser — son premier baiser. Les yeux dans les yeux, ils se promirent de s'aimer toute leur vie, de ne jamais se quitter. Effectivement, ils ne se quittèrent pas pendant ces vacances... Mais rentrés l'un et l'autre à New York, ils subirent la dure épreuve de la distance. Ils habitaient chacun à l'autre bout de la ville. Le premier jour, le jeune Humphrey prit son courage à deux mains, traversa la ville — le trajet dura plus de deux heures — et resta quelques instants avec Pickles. Puis s'en retourna chez lui — encore deux heures de bus et de marche à pied. Exténué, il se demanda s'il aimait encore Pickles. Il ne revint plus la voir. Ainsi partent en poussière les serments donnés sous la lune.

Et puis Mary Philipps... l'amour adulte. Quand il jouait avec elle son premier grand rôle dans la pièce *Nerves*. Oui, Mary Philipps, avec ses yeux ronds et perçants, son nez légèrement en trompette, elle semblait à la fois fragile, perdue, envoûtante. Devant elle, le jeune séducteur se sentit désarmé. Mais Mary n'y prêta aucune attention, comme autrefois Alice. Vexé, Bogart lui parla le seul langage dans lequel il se sentait à l'aise, celui de l'agressivité puérile : il l'engueule un soir, après une représentation, l'accusant d'attirer trop l'attention sur elle dans une scène où il est le personnage principal. Il l'engueule parce qu'il n'arrive pas à l'embrasser, à lui dire qu'il pense à elle. Ce n'est plus d'une petite amie sauvage et de passage dont il a besoin, maintenant, mais de quelque chose qui s'appelle l'amour, quelque chose qu'il n'a connu que de manière enfantine avec Alice, ou que dans un jeu d'adolescent avec

Pickles. L'amour! Mary n'est qu'une partenaire, qui s'en va la tournée terminée.

Bogart y pense souvent, à cette Mary. Cette Mary perdue. Mais peut-être pas tout à fait.

Puisque Mary ne veut pas de son amour, ou plutôt comme il n'ose pas le lui avouer, il décide, comme ça, de tomber amoureux d'Helen. Il l'a décidé dès qu'il l'a vue entrer dans la salle d'audition. Comme autrefois il décidait soudain dans un bar de se bagarrer, avec cette rage, cette violence qu'il a apprise dans les rues, très tôt, avec Bill.

Il fait complètement noir, maintenant, dans cette salle de spectacle... Bogart sent tout près de sa bouche le souffle d'Helen. Pourquoi reste-t-elle là, elle, une comédienne un peu célèbre, à écouter les confidences d'un jeune débutant? Un jeune débutant prétentieux, qui désire avoir l'air d'un « dur ». Et joue si mal son rôle dans la vie.

Et puis soudain il se lance. Comme on se jette à l'eau.

— Je vous en prie, donnez-moi votre main.

Helen ne comprend pas trop bien ce que cela veut dire. Mais elle est séduite par la voix étrange de ce régisseur. Par la force qui se dégage de lui. Humphrey ne comprend pas trop bien non plus ce qui lui arrive. Cette soudaine volonté d'aimer Helen! Pourquoi Helen, soudain. Ses jambes? Sa bouche? Son sourire?

Elle lui tend la main. Bogart la prend et tout son
passé défile en lui. Lui, courant dans les rues de
New York. Lui, sur les bateaux de guerre. Lui,
dont sa famille ne savait que faire, qui indisposait
les amis bien pensants ; lui, la mauvaise tête ; lui,
dont on disait : « Il ne fera jamais rien de bon
celui-là ! » Lui, faisant la fête, jeune adolescent,
dans les cabarets new-yorkais, avec son vieux
copain Bill, son double. Lui, maintenant, dans le
noir avec Helen Menken. Il pense : je tiens dans
ma main la main de la plus grande comédienne de
ce siècle. C'est la gloire, cette main, je ne la
lâcherai plus. Et dans sa tête, il répète, comme
pour hypnotiser Helen : « Tu vas m'aimer, et je
vais t'aimer. »

Helen allume une lampe. C'est une lumière trop
crue. Elle s'en va, comme s'ils s'étaient simplement dit bonjour.

Bogart est nerveux. Il n'arrive pas à se concen-
trer. Il donne aux machinistes des ordres idiots.
Les décors sont mal construits. Et le soir de cette
première représentation où Helen remplace Mary,
les décors s'écroulent !

Oui, ça fait un grand flap, et les décors tombent
lentement, ridiculement, sur Helen, en plein
milieu de sa meilleure tirade.

Après la représentation, Bogie ne sait pas où se
cacher. Mais Helen le découvre quand même, à
moitié enfoui sous les décors tombés :

— Espèce d'imbécile. Vous aviez beau jeu de faire le joli cœur, tout à l'heure. Vous êtes un pauvre petit prétentieux, un faux dur, un minable séducteur, aussi faux que vos décors qui ne tiennent pas debout. Pauvre mec, qui croyez être très fort parce que vous avez vaguement couru dans les rues, vaguement fait la guerre, vaguement cassé la gueule à des soûlards dans des bistrots, vaguement joué des mauvais rôles. Vous êtes un ringard, un jeune ringard de la pire espèce : ceux qui se croient géniaux.

Elle est tellement furieuse, Helen, que, soudain, au milieu des décors renversés, de la poussière de cette scène minable du Texas, des machinistes affolés qui tentent de la retenir, elle défait sa ceinture, frappe Bogie !

Bogie se relève, comme un fou. Il ne veut pas perdre. Il n'a jamais voulu perdre.

Il crie :

— Voulez-vous m'épouser ?

Elle est soufflée, Helen. Elle ne s'attendait pas à ça. Bogart non plus ne s'attendait pas à ça de lui.

Alors, Helen, lentement, répond :

— Oui. Si vous devenez un vrai acteur...

Et Bogart, devant tout le monde, l'embrasse sur la bouche.

Helen était plus âgée qu'Humphrey ; et plus célèbre. Mais voir ce jeune loup la courtiser lui plut. La pièce *Drifting* fit une tournée triomphale.

Et quand Helen revint à Broadway, elle devint une jeune gloire. Elle était lancée.

Alors Bogart se lança, lui aussi. Il ne pensa qu'à ça : devenir acteur professionnel. Il fit des pieds, des mains. Il sonna à toutes les portes. Il pensait à Helen. Il voulait gagner un pari. Et finalement, en 1925, il connaît deux grands succès, dans les pièces *Hell Bells* et *Cradle Snatchers,* où il tient les principaux rôles. Les critiques sont excellentes. Il peut rivaliser, maintenant, avec sa fiancée.

Quelquefois Bogart pense à Mary... Cette Mary qui l'a à peine regardé.

Et il envoie un télégramme à Helen :

« *Alors. J'ai gagné ? On s'épouse ?* »

Elle répond :

« *Quand vous voulez.* » Elle a engagé un pari. Elle s'y tient. Pour voir.

Maintenant que c'est gagné, Bogie se demande s'il a vraiment envie d'Helen. Si elle ne lui a pas servi uniquement à se lancer. Maintenant qu'il se trouve sur la bonne voie du succès, a-t-il toujours autant de désir pour cette femme qui l'émerveilla, un soir, dans le Texas ?

Bogie est un peu connu, aujourd'hui. Il gagne pas mal sa vie. Il reçoit des offres d'imprésarios. Mais il est fidèle. Comme c'est grâce à Helen que tout cela lui arrive, il se doit de l'épouser. Finalement, c'est une sorte d'amour. Et puis, Helen peut l'aider dans sa carrière. Et puis elle est belle, si belle. Il pense à ses longues jambes, à sa bouche.

Pourquoi hésiter ?

Pourtant il hésite. Et il fait la fête. Avec son ami Bill. Ils rient et se soûlent. Sans doute, marié avec Helen, il n'aura plus le droit. Maintenant qu'il gagne un peu sa vie, il peut s'en donner à cœur joie. Flamber jusqu'à trois heures du matin. Avec Bill, ils vont souvent au *Tony's* dans la 52e Rue... Là il y a des écrivains, des acteurs. Et Bill l'entraîne... Il est tout petit, Bill, avec de grands yeux. Il a des bras qui gigotent tout le temps.

Bill rit, Bill, son frère de fête ! Dans un coin, il y a un billard.

— Alors, qu'est-ce que je fais avec cette Helen ? Je l'épouse ou pas ?

— Tu en as envie ?, demande Bill.

— J'ai envie d'un grand amour. J'ai envie de me marier, et de quelque chose de parfait, d'une complicité, d'une tendresse, d'une connivence. D'avoir un « chez-moi ». Rigole pas, Bill, ou je te casse la gueule. Tu comprends, dans ma famille, on ne s'embrassait pas, on se serrait la main. Dans ma famille, il n'y avait pas beaucoup de sentiments ; mes sœurs et moi, on a pas été tellement câlinés, et ça nous manque, tu sais, Bill. Enfin, moi ça me manque. J'ai envie d'un beau mariage, et d'un coucher de soleil sur une nuit de noces. J'ai envie de pleurer à mon mariage, Bill, tu comprends. Tu comprends ou je te casse la gueule.

Plusieurs verres plus tard, sur le billard, une boule blanche rencontre la boule rouge.

— Oui, Bill, je veux me marier et aimer ! Mais je t'avoue qu'Helen me fait un peu peur : elle est plus riche, plus vieille, plus célèbre que moi. J'ai pas envie qu'elle porte la culotte, comme ma mère avec mon père ! Et puis ce mariage est un pari stupide.

— Reste célibataire Bogie, t'es pas fait pour rentrer le soir dans un « chez-toi » ! Et puis je ne suis pas sûr que tu aimes Helen.

— Tu ne comprends rien, se fâche Bogart : si j'envoyais aujourd'hui un télégramme et des fleurs à ma mère pour la Fête des Mères, elle me les renverrait par retour du courrier ! J'ai envie de pouvoir envoyer un télégramme et des fleurs à Helen.

— Alors marie-toi, répond Bill, qui commence à en avoir assez de cette discussion et des hésitations de son ami.

— Je ne sais pas, je ne sais...

Il est très tard, ou plutôt assez tôt le matin ; le *Tony's* bar s'assombrit. Les derniers consommateurs s'en vont. Ne restent plus que Bogart, Bill et quelques amis, dont Stuart Rose qui épousera Pat, la sœur de Bogie. Tout le monde est un peu ivre ;

sur le tapis vert du billard, une boule blanche rate une boule rouge.

— Comment, vous ne savez pas, vous ne pouvez pas me conseiller, me dire ce que je dois faire ? Alors on va voter, vous allez décider pour moi. Que ceux qui veulent que j'épouse Helen lèvent la main.

Tout le monde ou presque lève la main. Oui, en finir, et qu'on aille se coucher ! Et c'est ainsi que Bogart épousa Helen Menken.

Le 20 mai 1926, Humphrey Bogart et Helen Menken célébrèrent ce mariage tant attendu, au *Gramercy Park Hotel,* New York. Il y avait les parents Bogart, Bill et son père, Stuart Rose. Il y avait aussi les parents d'Helen : ils étaient sourds-muets. Il y avait aussi le Révérend John Kent. qui officiait : lui, il était sourd. Avec tous ces sourds et ces muets, la cérémonie devint un chahut étonnant : les beaux-parents soufflaient des cris rauques et incontrôlés, et le Révérend Kent hurlait les prières. Au moment du consentement, les deux fiancés durent répéter plusieurs fois leur « oui » dans l'oreille penchée du sourd. Le fou rire gagnait l'assistance. Bill fut obligé de sortir. Seul Humphrey pleurait. Oui, il l'avait décidé : il voulait pleurer à son mariage. Et il pleurait. Mais Helen sentait le ridicule de cette cérémonie. La chaleur, ces hurlements, cette tension, ces fous rires par-derrière, tout cela crispait ses nerfs. Elle avait

envie de pleurer, mais pas de bonheur ou d'émotion : de rage, de honte. Elle se mit à hurler, elle
aussi, vers la fin de la cérémonie. Son tout jeune
mari dut l'évacuer en hâte, tandis qu'elle se
débattait, sanglotante dans sa longue robe blanche
et sous son chapeau d'organza noir. Les amis
refoulaient les journalistes venus faire un reportage
sur le mariage d'une célébrité du théâtre qui se
régalaient du grotesque de la scène.

A cette époque-là, une petite fille avait deux ans.
Elle était la fille d'une Roumaine et d'un Alsacien
représentant en matériel médical. Elle avait une
grande bouche et de grands yeux. Elle habitait avec
ses parents dans la 103e Rue. Elle s'appelait Betty
Joan Perske. Plus tard, elle s'appellera Lauren
Bacall. Plus tard, Bogart n'aimera que ses grands
yeux et sa grande bouche.

Aujourd'hui, il aime Helen. Du moins il le croit.
Il le veut.

Quelques jours après leur mariage, dans leur
appartement de New York, tendu de voiles blancs,
où les fleurs des corbeilles commençaient à lentement se faner, Helen dit à Humphrey :

— Je suis heureuse, mon petit (elle l'appelait
mon petit, sous prétexte qu'elle avait trois ans de
plus que lui : ça l'agaçait) oui, infiniment heureuse. Je suis comme toi, j'ai toujours voulu me
marier. Maintenant je suis installée. Je vais aban-

donner ma carrière d'actrice. Je suis célèbre, aimée, pleine de succès, mais je veux abandonner. On va gagner notre pari !

Bogart sentit des picotements en haut de la nuque. Il n'osait pas penser qu'elle l'énervait, elle, sa femme.

Distraitement, il jouait avec une des fleurs du jour du mariage. Helen était allongée sur un canapé bleu, et battait des pieds de joie. Un petit chausson traversa la pièce, et roula sur un tapis trop rose. Le tulle des rideaux se gonflait d'un peu de vent ; elle continuait :

— Oh ! Bogie, quel bonheur ! Nous aurons des enfants, tu sais ! Et je serai là, tout le temps, à toi, pour toi. C'est notre maison, tout ça. Notre petit nid...

Oui, Helen était heureuse. Mais savait-elle que ce bonheur-là, Bogie n'en voulait pas ? Il avait soudain peur de trop d'amour, de trop de paix, de trop de sécurité. Peur, oui vraiment. Helen rayonnait.

A ce moment-là arriva une étrange chose, pleine de poils. Une grosse boule de poils. Un chien ! Où est la tête et où est la queue ? se demanda Bogie. Mais c'était le chien d'Helen, on ne pouvait pas l'envoyer balader dehors d'un coup de pied.

Helen l'attrapait, cette boule de poils, lui parlait :

— Mon poilu, on va faire la fête, c'est le

bonheur, tu vas manger du caviar, que l'on donne
du caviar à ce petit bébé !

— Du caviar à ce machin ?, ne put s'empêcher
de s'étonner Bogie.

— Oui, parfaitement, du caviar ! Pourquoi ne
donnerait-on pas du caviar à un chien, à un chien
de gens aussi heureux que nous, à un chien de gens
riches d'amour ?

Bogart restait là, maladroit. Soudain il n'était
plus le jeune premier des pièces à succès, mais
l'enfant buté qui courait autrefois les rues de New
York avec son ami Bill.

— A un chien, on donne de la viande hachée,
pas du caviar !

— Tu ne vas pas m'empêcher de donner du
caviar à ce chien, à ce chien si heureux ?

— Si.

Dans la pièce à côté, la servante du jeune couple
qui préparait le plateau pour le thé entendit
alors des éclats de voix. Bogart partit en claquant la
porte.

Il marcha longtemps dans les rues de New York,
ce soir-là. Il savait maintenant qu'il s'était trompé.
Il lui fallait de la tendresse, mais pas une tendresse
soumise et capricieuse comme celle d'Helen. Il
pleuvait. Il marchait lentement dans les rues. La
pluie ruisselait sur son chapeau à large ruban. Il
entra dans un bar. Puis dans un autre. Il était seul
de nouveau. Epuisé, triste. Il rêvait d'une femme

vivante, et pas d'une poupée. Pas d'un oiseau sur un lit de soie.

Alors il se consacra entièrement à son métier d'acteur. Helen restait dans leur appartement, à l'attendre. Son chien mangeait du caviar ou de la viande, il s'en fichait, lui, Bogart. Et le soir la pluie ruisselait sur son chapeau. Un jour, on lui téléphona de Chicago : un comédien venait de tomber malade, et ne pouvait plus assurer le rôle principal dans la pièce *Saturday's Children*. Il accepta de le remplacer. Le soir il dit à Helen :

— Je pars pour Chicago. Tu viens avec moi.

— Non, dit-elle.

Et elle lui sourit de toutes ses dents si blanches. Bogart passa son ongle sur sa lèvre, toucha la cicatrice au-dessus de sa bouche. Puis il se détourna.

Ce fut son seul adieu.

Après son séjour à Chicago, quand il revint à New York, il n'habita plus avec Helen. Souvent il pensait à elle. Tantôt avec rage, tantôt avec tristesse et nostalgie. N'avait-il pas laissé échapper son bonheur ? Il continuait à boire avec des copains, à faire la fête, quelquefois — très tard dans la nuit — à se battre, à casser des verres. Mais derrière ses yeux brillants d'alcool se cachait une certaine tristesse.

Oui, qui sait si, abandonnant la douce tendresse d'Helen, il n'avait pas fui son rêve de bonheur, de

fleurs, de baisers et d'amoureuse complicité ? Et
Helen, toute seule, dans ce trop grand appartement, Helen, triste aussi sans doute...

Il pleuvait souvent sur New York, en ce temps-
là.

Mais voilà qu'un soir, avec son ami Al Jolson, il
se rendit dans les coulisses d'un théâtre, et là, dans
l'envers des décors, entre deux battants représentant une maison peinte, il entendit soudain un rire,
un rire qu'il n'avait pas oublié, et vit apparaître
une petite femme toute simple et très gaie, avec le
nez un peu en trompette : Mary, oui Mary Philipps.

II

Bogart, ce jour-là, se leva, la tête lourde d'une fête de la veille. Il marcha un peu dans son appartement, rien que pour voir si le sol tanguait autant que cette nuit, quand il était rentré ; ça allait mieux. C'était un appartement de célibataire : de vieilles chemises et des paquets de cigarettes vides traînaient partout. Un appartement assez impersonnel, Bogie n'avait rien d'un homme d'intérieur. Toutefois, il y a deux ou trois maquettes de voiliers, qui témoignent de la passion du locataire. Humphrey les admirait en grattant sa tête endormie : depuis longtemps il n'avait pas vogué, depuis longtemps il n'avait pas senti l'odeur du large, le goût de la mer. Il était midi. Bogie but un scotch, son premier de la journée.

Dans la pièce à côté, miss Benson, qui, deux fois par semaine, rangeait un peu ses affaires, lavait les verres et les assiettes. Ce bruit lui rappela la maison de ses parents, autrefois. Il ouvrit son courrier.

Jeta un œil sur les titres des journaux, les feuilleta jusqu'à la page des spectacles. Et s'immobilisa ! Ses petits yeux s'élargissaient. Il se précipita vers la cuisine :

— Miss Benson, est-ce que je suis une brute ?

Miss Benson était une petite vieille femme très digne et toujours coiffée d'un chapeau à cerises qu'elle gardait même pour faire le ménage.

— Oh ! oui, répondit-elle, vous êtes une vraie brute, tout le monde le sait : la nuit vous étranglez les chats dans les rues, et vous passez vos loisirs à crever les yeux des souris. Moi-même, je raconte partout que chaque fois que je viens chez vous, vous me tabassez.

Bogart rit. Puis il montra le journal à la vieille dame. Posément, elle mit ses lunettes et lut :

« *Helen Menken, la célèbre comédienne : c'est le divorce : Il me battait, avoue-t-elle.* »

— Oh ! dit la vieille dame, s'ils le disent dans les journaux, c'est que ça doit être vrai. Faut-il que j'aille témoigner en votre faveur, que je raconte que vous êtes doux comme un agneau ? Pour vous, ce sera un dollar.

— Il vaut mieux ne pas bouger, qu'en pensez-vous ? demanda Humphrey, soudain sérieux.

— Cette dame vous fait une merveilleuse publicité. Toutes les femmes vont se jeter dans vos bras. Voulez-vous m'épouser ?

Bogie resta seul et silencieux toute la journée.

C'est vrai, se disait-il, que j'ai préféré ma carrière à l'amour d'Helen, mais de là à affirmer que je la battais ! Il regardait les maquettes des voiliers. La nuit tombait. Il décida de ne pas bouger, de laisser Helen passer sa rage et sans doute sa déception.

Il mit son costume gris, et une belle pochette de soie. Il avait rendez-vous avec Mary au *Dizzy Club,* une boîte où il tenait table ouverte. C'était leur premier rendez-vous.

Mary était formidable. Depuis qu'il l'avait revue, par hasard, dans ce théâtre, le cœur de Bogart se serrait souvent : il vivait des périodes d'exaltation et de crainte, préludes aux grandes amours. Il lui avait téléphoné : leur conversation avait été tendue, pleine de silences, de gênes... Et ce soir-là, leur premier rendez-vous. L'idée même d'un premier rendez-vous est merveilleuse.

Depuis cinq jours Bogart y pensait, ne vivait que pour cela, que pour le premier regard qu'ils échangeraient. Certainement elle serait en retard, certainement il attendrait, impatient. Des centaines de fois, dans la nuit, il avait imaginé ce moment où il embrasserait sur les deux joues cette femme à laquelle il pensait depuis deux ans, Mary, oh ! Mary ! Oui, il était aussi ému qu'un adolescent à son premier flirt.

Dans le taxi qui le menait au *Dizzy Club,* il ne tenait pas en place. Il avait peur, en fait.

Pourtant, les déclarations de sa femme, Helen

Menken, à la presse, lui donnaient bonne
conscience. Helen devenait une ennemie, s'autori-
sait à le traîner dans la boue. Le divorce était
vraiment dans l'air. Il était libre. Car Bogart était
un homme fidèle. Et les pincements au cœur qu'il
ressentait en pensant à Mary Philipps, jusqu'ici,
lui donnaient mauvaise conscience. Mais Helen
l'attaquait. Helen n'était plus sa femme, sa complice. Il pouvait se permettre d'aimer Mary, oui
Mary, au grand jour. Déjà le taxi s'arrêtait.

C'était la nuit. Les grandes enseignes lumineuses de New York ruisselaient comme des diamants.
Il ne pouvait plus reculer. Il eut soudain très fort
envie d'un verre d'alcool. Ses jambes devenaient de
coton.

C'était la nuit, il entrait dans le *Dizzy Club*.
Comme chaque fois, il fut surpris par l'obscurité :
des petites lampes recouvertes d'abat-jour verts
tamisaient une lumière d'aquarium au-dessus de
chaque table. Il était neuf heures et quelques
secondes — il arrivait vraiment à l'heure pour son
rendez-vous. Il devina, dans l'ombre du bar, Jim,
le garçon, un ami, quelquefois un confident, les
soirs de vague à l'âme. Il s'approcha de lui, mais
Jim lui fit un sourire gêné. Il lui désigna du
menton une table, au fond. Bogart se crispa.

Elle était là, à l'heure, oui, elle Mary, mais il y
avait quelqu'un à côté d'elle. Un homme. Bogart
devint blanc. Jim et d'autres amis, disséminés à

diverses tables, le regardaient, mine de rien. Humphrey se sentit ridicule. Il tenta de ne pas sourciller. Comme si de rien n'était, il s'approcha de la table, cachant sous un air anodin la rage et le dépit qui l'étreignaient.

Les regards accompagnaient son long chemin. Bogie avait envie de casser la figure à tout le monde, à la Terre entière. Mais son visage souriait. Comme une grimace. Heureusement, la blancheur de ses joues ne se remarquait pas trop dans l'obscurité.

Le compagnon de Mary se leva, se présenta :

— Humphrey Bogart, je suppose ? Je me nomme Kenneth Mc Kenna.

Un bellâtre ; Bogie l'avait connu dans des rôles de jeunes premiers à Broadway. C'était ce qu'on appelle un joli cœur. Bogie lui tendit la main : il serrait ses muscles pour qu'elle ne tremble pas.

Mary se leva et embrassa Bogart sur les deux joues. Oui, le rêve s'écroulait, le rêve d'une entrevue à deux. Oui, c'était un fiasco. Ce rendez-vous intime devenait un spectacle.

Mary souriait à Bogart. Mais ce sourire voulait dire : tu vois, je t'ai fait une bonne farce.

Mary se rassit et fit signe à Humphrey de se placer à côté d'elle, de l'autre côté de ce nommé Kenneth ! Elle restait entre eux deux, amusée. Le visage de Bogart devint encore plus pâle : voilà que Mary jouait la maîtresse de maison, plaçant « ses

invités » comme elle le désirait. Elle minaudait.
Disait à Bogie :

— Kenneth est un très grand ami, très grand. Il
vient justement de me demander en mariage. Ce
n'est pas sérieux bien sûr, mais ça me fait réfléchir... Le mariage ? Ah ! pourquoi pas !

Kenneth était aussi gêné que Bogart, aussi mal à
l'aise. La situation le dépassait un peu :

— Mais non, je..., bredouillait-il.

La situation dépassait complètement Bogart. Il
se demandait s'il ne rêvait pas. Il restait immobile.
Il serrait les poings. Sans doute avait-il envie de
pleurer. Comme un enfant.

Et l'autre, ce Kenneth, tout aussi mal à l'aise,
tentait une impossible conversation :

— Je vous ai vu dans *Hell's Bells*, c'était remar-
quable, vous étiez extraordinaire, disait-il à
Bogart.

Il avait l'air sincère, en plus. Bogie ne répondit
ni oui, ni non, ni merci. Il resta muet, serrant les
mâchoires. Il se disait : ou bien je casse tout, ou
bien je tombe dans les pommes ; mon image de
marque, ma renommée, ne me permettent pas de
m'évanouir, mais je ne peux pas non plus tout
casser, Mary partirait et je me retrouverais tout
seul. Et puis j'aime Mary. Du moins je ne supporte
pas qu'un autre puisse l'aimer, ou qu'elle puisse se
laisser faire la cour par un autre.

Et Mary, qui avait l'air de s'amuser beaucoup,

mettait les pieds dans le plat et les agitait vigoureusement :

— Qu'en pensez-vous, Bogart : faut-il que j'épouse ce monsieur ?

Bogie comprit soudain qu'il devait réagir, jouer le jeu, se sortir du piège :

— Je ne pense pas, répondit-il.

— Vous ne pensez pas que je doive l'épouser ?

— Non, il est trop bien pour vous.

Il se demanda un quart de seconde si Mary n'allait pas se fâcher. Mais non. Elle semblait s'amuser encore plus. Bogie se détentit un peu, un sourire pâle et mince se dessinait lentement sur sa bouche :

— C'est un jeune homme très bien, très chic et très gentil ; et vous, vous n'êtes pas très chic et pas très gentille.

— Ah bon ?

— Oui, vous, chère Mary, il faut que vous épousiez une brute épaisse comme moi, un crétin comme moi, un sale type comme moi.

Le sort en est jeté, se disait Bogart : ou bien elle me vire de sa table, ou bien je suis obligé de l'épouser ; après tout c'est sans doute ce que je veux. Mais fallait-il tant précipiter les choses ? Et Helen ?

L'autre, ce pauvre Kenneth, sentait que tout lui échappait. Il tenta de se remettre en selle... bien maladroitement :

— Mais je vous assure que je ne suis pas si bien que ça, que je ne suis pas si chic et si gentil que ça !

— Ah bon ? répliqua Bogie : alors vous ne méritez pas de vous asseoir à ma table.

Mary éclata de rire. Bogart se sentait maintenant très sûr de lui. Il jeta un regard circulaire, et les yeux se baissèrent tout autour, sous les lumières vertes et tamisées. Il était de nouveau chez lui. Kenneth bredouillait.

— Mais c'est vous qui êtes à notre table, monsieur.

Bogie le regarda bien en face :

— Rappelez-moi votre nom ?

Kenneth bafouilla encore plus. Il voyait qu'il devenait ridicule, mais ne savait pas du tout comment rétablir la situation à son avantage :

— Kenneth Mc Kenna, je croyais m'être présenté.

Bogie fit semblant d'examiner attentivement le bois vernis foncé de la table :

— C'est bizarre, je ne vois pas votre nom écrit sur la table.

Puis il prit son stylo, griffonna rapidement quelque chose sur la table, tout en disant, très doucement :

— Tandis que je vois nettement le mien et celui de Mary Philipps.

Kenneth se pencha et lut :

Cette table est la propriété de Miss Mary Philipps et du sieur Humphrey Bogart.

Kenneth devint rouge. Ses mains tremblaient :
— Sans doute dois-je me retirer...

— Mais pas du tout, vous êtes notre invité, cher monsieur — vous êtes même un invité très important, puisque vous êtes le témoin officiel des fiançailles de Mary et d'Humphrey.

— Eh ! dites, vous ne croyez pas que vous allez un peu vite, monsieur, riait Mary, amusée mais aussi légèrement choquée du ton cavalier de Bogart.

— Il faut toujours aller très vite, répliqua Bogart. Il se sentait maintenant de taille à répliquer à n'importe qui, même au président des Etats-Unis.

— Eh, Jim, trois scotches pour fêter les fiançailles des plus laids des jeunes premiers !

— Vous ne voulez vraiment pas me demander mon avis ? dit Mary, peut-être un peu inquiète...

Bogart la regarda en face. Elle eut tout d'un coup furieusement envie de l'embrasser ; de fermer les yeux et de l'embrasser. Elle ne s'était jamais vraiment posé la question d'un amour possible avec Bogart ; maintenant elle comprenait qu'elle l'aimait. Il disait :

— Votre avis ? Vous n'allez quand même pas me répondre « oui » devant lui : ça lui ferait trop de peine.

— Et si je vous répondais « non » ?

Bogart ne répliqua rien. Ils se regardaient toujours, comme s'ils étaient seuls. Ils savaient l'un et l'autre qu'elle ne pouvait plus répondre non.

Kenneth se sentit vraiment sur la touche. Il tenta une dernière sortie :

— Je vous rappelle, monsieur, que vous êtes déjà marié.

Bogart baissa les yeux sur lui, de très loin, de très très loin. Lui dit d'un ton détaché :

— Vous lisez les journaux ?

Et il lui lança sur la table l'article annonçant son prochain divorce.

— Evidemment là-dedans vous allez apprendre que je bats les femmes, mais comme je vous connais, vous n'allez pas trop vous inquiéter pour Mary ; et puis rassurez-vous : je ne bats jamais les anciens prétendants de mes épouses.

Mary n'écoutait pas. Elle continuait à nager dans les yeux noirs de Bogie.

Les faibles lumières vertes étaient comme un grand sommeil.

Quand Kenneth partit, ils ne s'en aperçurent même pas.

Depuis ce soir-là, ils passèrent leurs soirées ensemble. Mary qui, au départ, ne voulait que s'amuser avec Bogart, fut prise à son propre jeu : la séduction de cet homme l'enveloppa tout entière. Chaque jour, elle attendait la nuit avec impatience ; quand elle jouait au théâtre, elle attendait avec nervosité la fin de la représentation, et souvent même, en scène, elle y pensait, à cet amoureux si drôle et si tendre. Enfin ils se retrouvaient au *Dizzy Club,* ou au *Hotsy Totsy.* Et là, ils dansaient, buvaient, et très souvent restaient de longs moments les yeux dans les yeux sans rien dire.

Mary rayonnait de bonheur. Elle était assez exubérante. Elle adorait les farces. Bogart la regardait comme un être hors du commun : elle l'étonnait. Chaque soir elle arrivait avec un chapeau différent — c'était une manie chez elle, un genre. Des chapeaux à plumes, des chapeaux très habillés, mais aussi des sortes de chapeaux de clown, des chapeaux pointus qui faisaient rire tout le monde. Elle était si loin de la fragilité sophistiquée d'Helen ! Etonné, émerveillé, sans cesse surpris, Bogart la suivait partout, la protégeait, comme une enfant pas trop sage. Lui était beaucoup plus strict qu'elle. Toujours avec des costumes gris, de tweed, une pochette de soie. A côté d'elle, il paraissait très puritain. Et souvent, elle le choquait un peu. Elle avait un succès monstre. Tous les amis d'Humphrey adoraient passer la soirée avec eux, parce que Mary les faisait rire. Elle inventait toujours des jeux, des jeux idiots — comme par exemple marcher sur une seule jambe toute une soirée — mais qui, à partir de deux heures du matin et pas mal de verres, devenaient irrésistibles, entraînaient des fous rires.

Bientôt Bogie fut follement amoureux. Elle l'ensorcelait par sa simplicité, sa spontanéité. Il l'avait dans la peau. Dès qu'il fermait les yeux, il voyait son petit visage coquin, ses cheveux roux et tout fous, il entendait son rire, les jeux de ses fossettes, les grimaces de sa bouche.

Des avocats se chargèrent du divorce avec
Helen. Elle ne réclama rien, aucune pension
alimentaire ; elle ne fit aucun obstacle. Elle savait
que sa vie avec Bogie était depuis longtemps un
échec, et que ce n'était plus la peine d'insister. Elle
s'était vaguement vengée en racontant aux journalistes qu'il la battait. Et cela lui suffisait.

Quelques jours avant la sentence du divorce,
Bogie vint la voir. Visite de politesse, peut-être.
Quand, vers la fin d'un après-midi de janvier 1928,
Bogart prit un taxi pour rencontrer celle qui était
encore sa femme, et qu'il n'avait pas vue depuis
bientôt un an, son visage se bloqua dans une
expression froide, ennuyée. Il avait peur. Avec un
peu de regret, sans doute. Car Bogart avait horreur
des échecs — et celui-là était grand.

Il s'était habillé avec beaucoup de soin, rasé de
près, pas question qu'Helen, si élégante, le trouve
négligé. Quand le taxi s'arrêta devant l'appartement de sa femme, son cœur battait trop fort, ses
mains tremblaient. Il monta lentement le grand
escalier.

La servante d'Helen lui ouvrit. Elle le regarda
d'un air méprisant. Bogie resta seul dans un salon,
avec des meubles roses et de grands rideaux blancs
qui couraient dans tout l'appartement.

Oui, il avait soudain le trac, pire que lorsqu'il
entrait en scène. D'ailleurs c'était bien une scène
qu'il devait jouer, là, mais il ne connaissait pas un
traître mot du texte de la pièce. Que dire à Helen ?
Il s'aperçut avec horreur qu'il n'avait rien préparé.

Il restait là, avec son chapeau à la main, à se creuser la tête, pour trouver des mots, des phrases cohérentes, mais rien ne venait. Il s'apprêtait à partir quand Helen entra.

Son visage était froid. Bogie n'avait vraiment plus rien à faire avec elle.

Il demeurait là, en silence. Helen ne le regardait pas. Vêtue d'une sorte de robe d'intérieur longue et bleue, assez vaporeuse, elle s'assit, très droite, toujours sans marquer quoi que ce soit sur son visage. Bogart aurait préféré qu'elle crie. Mais elle semblait totalement au-dessus de ça.

Il ouvrait la bouche, pour se forcer à parler, à dire n'importe quoi, ne serait-ce que « bonjour Helen », quand il entendit une voix d'outre-tombe, une voix froide et sans intonation qui sortait de ce fantôme pâle en déshabillé bleu :

— Tu es bien bon d'être venu me voir. Tu sais, je ne t'en veux pas. C'est moi qui ai eu tort. Tort d'accepter de me marier avec toi. Et surtout tort de vouloir tout construire autour d'un foyer, d'abandonner ma vie professionnelle.

Humphrey demeurait debout devant elle, toujours avec son chapeau à la main. Elle continuait de sa voix monocorde, sans aucune chaleur :

— Toi, tu es un acteur, tu vis pour ton métier, par ton métier. Mais je ne crois pas qu'un jour tu puisses être heureux en amour. Je sais que tu t'amuses beaucoup avec la petite Mary Philipps. Tu fais la fête avec elle. Je crois que tu es doué pour faire la fête. Parce que ça fait partie de ton

métier d'acteur, parce que c'est nécessaire à ton
métier de comédien, la folie de la fête, l'exubé-
rance, le qui-vive, l'angoisse des fêtes. Moi j'ai
besoin de chaleur, et pas de chapeaux de clown !
Pourtant je sais que, toi aussi, tu désires cette
tendresse. Mais c'est incompatible avec ton autre
désir : devenir un grand acteur. Alors deviens un
grand acteur. Mais je ne pense pas que tu seras
heureux en amour. Salut.

Elle sortit de la pièce.

Bogie n'avait pas dit un mot. Sa gorge était
sèche.

Il chercha machinalement une bouteille et un
verre, puis pensa que ce ne serait pas très fair play.

Son cœur était sec : tout aussi, sinon plus, que sa
gorge. Il partit de cet appartement. Il se retrouva
dans la vie, flottant dans un univers qui, soudain,
ne lui paraissait plus très réel. La nuit était tombée
sur New York. Des voitures, des phares, des
enseignes lumineuses, des gens, des trottoirs, des
visages ; et comme une odeur de mort. Oui, son
cœur était sec. Il entra dans un bar. Commanda un
gin. Sans cesse la phrase d'Helen lui sonnait dans
la tête : « Tu ne seras pas heureux en amour. »

Dans le miroir, devant lui, il vit un vieillard pâle
aux traits tirés. Il avait vingt-sept ans.

III

Pourtant, la fête continuait avec Mary. L'insouciance. Ils jouaient, tous deux. Ils jouaient au théâtre et dans la vie. Au théâtre, les rôles se succédaient et souvent les succès, pour l'un et l'autre. Dans la vie, les délires du soir, les exubérances, une existence facile et riante. Ils buvaient. Ils dansaient.

Mary était vraiment un petit clown adorable. Et Bogart l'adorait. Il prenait soin d'elle. Il l'enveloppait de son manteau quand, aux premières lueurs de l'aube, ils sortaient, bien éméchés, de ces soirées où Mary avait été la vedette. Elle avait son cercle d'admirateurs, mais Bogie était son ange gardien. Elle dansait avec un tas de jeunes gens, comme une grande coquette, mais revenait toujours vers son Bogart qui demeurait souvent assis, au fond des bars, à l'attendre, à la surveiller. Peut-être à la protéger. Elle dansait avec d'autres, chahutait avec eux, mais pas une minute ne se passait sans qu'ils se regardent l'un et l'autre, au-delà des bruits de l'orchestre, au-delà des gesticula-tions des chevaliers servants, pas une minute sans qu'ils ne soient soudain plus que seuls au monde.

Un an après son divorce avec Helen, Bogart épousa Mary, le 3 avril 1928, à Hartford, dans le Connecticut où vivait la mère de la fiancée. Ce fut un mariage rapide. Mary n'était pas du genre à pouvoir rester immobile pendant une longue céré-monie, elle se serait très rapidement mise à danser sur sa chaise. Un moment, Bogart regretta la lourde cérémonie du mariage avec Helen. Bogie eut juste le temps de penser qu'il était très ému et qu'il n'allait pas tarder à se mettre à pleurer, que ce fut déjà terminé. Les copains applaudirent et on dansa.

Et la vie continua, toujours comme une fête. Bogie n'avait plus le temps de penser : Mary vivait à cent trente à l'heure. Ils s'installèrent dans l'appartement de Bogart, à New York, mais Mary n'était vraiment pas une femme d'intérieur et bientôt le plus grand désordre régna. S'habiller le matin devenait un exploit : on cherchait partout les chaussettes et les vestes, sous les canapés, parmi les bouteilles, les papiers froissés, les livres. La brave miss Benson, bien qu'elle partageait avec Mary l'amour des chapeaux et tenait, à ce sujet, de longues conversations avec elle, était souvent outrée du désordre ambiant, et renonçait à ranger.

Mary se voulait une femme moderne, hors de tout tabou. Ils continuaient chacun à vivre de leur côté, à jouer des pièces, et se retrouvaient le soir avec des amis bruyants.

Bogart ne pensait plus à l'avertissement d'Helen : « Tu ne seras jamais heureux en amour. » Il s'amusait avec Mary, elle le charmait, l'étonnait toujours. Il eut un grand succès dans la pièce *It's a Wise Child*.

Au terrible désordre de l'appartement des Bogart, correspondit un désordre national. La crise de 29. Le crack boursier. Les banquiers qui se jettent par la fenêtre. La dépression. Bientôt les théâtres ferment. Et Bogart ne trouve plus de travail.

On lui propose de partir à Hollywood, où il pourrait tenir des rôles dans quelques films. Mary ne veut pas partir avec lui : elle joue dans une pièce, et ce n'est pas le moment de laisser tomber un travail.

Quelques jours avant son départ, Mary et Humphrey sont au *Hotsy Totsy*. Il est tard. Sur la piste, les derniers couples dansent. Tout est sombre. Mary pose sa petite main sur celle de Bogie :

— Tu vas être triste, tout seul.

— Bien sûr.

— Tu ne vas pas pouvoir faire la fête. Tu ne vas pas rire.

— Non, sans toi, je ne vais pas pouvoir rire.

— Comment tu vas faire, alors ?

— Je ne sais pas, dit Bogie.

Et c'est vrai qu'il a mal au cœur de partir, c'est vrai qu'il a peur de se trouver tout seul, là-bas, de l'autre côté des USA ! Hollywood lui semble un dangereux mirage.

— Mais je suis sûre qu'à Hollywood, il y a beaucoup de petites puces comme moi qui aiment rire, et qui voudront te faire rire.

— Peut-être, dit Bogart.

Et c'est vrai qu'il se demande comment il va vivre sans Mary. Il va devenir sinistre et triste ! Comment la vie peut-elle s'envisager sans le rire de Mary ?

— Tu sais, je pense à quelque chose.

— A quoi ?

On dirait qu'elle hésite. Ils sont bientôt seuls dans le club. L'orchestre devient un écho feutré dans la pénombre.

— Tu sais... si jamais, à Hollywood, tu rencontres une puce qui te fait rire comme moi, et si jamais je rencontre pendant ton absence un moustique avec qui j'ai envie de m'amuser comme avec toi... Eh bien, ce ne serait pas très grave, on se retrouverait après comme avant... Tu comprends ?

Bogie sentit son cœur s'arrêter. Peut-être, après tout, était-il vieux jeu ? Elle avait vingt-cinq ans, et lui vingt-neuf ; peut-être leurs quatre ans d'écart représentaient-ils un siècle ? En un éclair, il repensa à la prophétie d'Helen, « tu ne seras jamais heureux en amour ». Il rêvait d'un ménage uni. Et voilà que Mary, comme ça, ce soir-là, cette nuit-là, dans ce club vide et sinistre, lui proposait une vie qui ne lui plaisait pas, à lui qui se voulait si régulier, net, précis. Cette situation floue le dégoûtait. Lui, Bogart, il était fidèle. Pourtant, il ne voulait pas perdre Mary. Il aurait pu lui dire non. Mais il comprit qu'elle lui donnait cette permission pour pouvoir, elle, en profiter. Aussi, du bout des yeux accepta-t-il ce marché. Mais sa bouche était serrée, ses mains crispées. Mary le sentit et fut très câline. Même s'il parvint à lui sourire, il savait qu'entre eux, quelque chose s'était brisé.

Le jour où il prit le train pour la côte Ouest, Mary l'accompagna à la gare. Elle le serra très fort.

— Je t'aime. Tu sais, je t'aime. Je ne pourrais pas vivre sans toi.

Il y avait des valises sur le quai, des embrassades, des mouchoirs, au milieu des cris des porteurs ; et les locomotives hurlaient leurs grandes fumées qui s'écoulaient comme le brouillard de l'oubli. Bogie se sentit vraiment tout seul. Il embrassait Mary, la serrait, lui aussi, dans ses bras, oui, il avait envie d'elle, des larmes lui montaient aux yeux. Oh ! Mary, il n'arrêtait pas d'embrasser ses joues, de baiser ses fossettes, de mordre ses cheveux. Oh ! Mary. Déjà les portières des wagons claquaient. Mais il ne voulait pas que Mary reste

sur une impression d'un mari si tendre et si
passionné, non. Il voulait que sa dernière image
avant cette séparation soit celle d'un compagnon
sûr de lui, viril, légèrement cynique. Alors, il passa
son ongle sur sa bouche, tordit ses lèvres dans un
sourire calme, et dit :

— Madame, je vais vous rapporter toutes les
stars d'Hollywood ficelées dans leurs descentes de
lit. OK ?

— OK, répondit Mary, et Bogie monta les
marches du wagon.

— OK, répondait Mary, et lentement le train
partait, les grandes roues s'élançaient sur les rails.

— OK, répondait Mary, et dans les yeux de
Bogart, son visage se perdait dans les fumées,
comme un adieu. Quelque chose lui serra l'estomac, quelque chose d'amer, sans doute ce qu'on
appelle la jalousie ; cette jalousie dont il ignorait
tout jusqu'ici, mais qui, depuis la scène dans le
bar, quelques jours avant, depuis la « permission »
de Mary, tournait et retournait dans sa tête,
comme un sentiment inconnu. Il frissonnait d'un
froid nouveau. Bogart vit le visage de Mary se
perdre dans les vapeurs. Ce visage qu'il aimait tant
et qu'il ne reverrait plus avant plusieurs mois, ces
petits yeux pétillants, et surtout les deux fossettes
coquines qui rendaient ses rires si émouvants, si
irrésistibles.

Allait le train, et les grandes fumées. Mais dans

la tête de Bogart, ces fumées qui noyaient Mary
prirent la forme des têtes des amis de cette femme,
sa femme, ses amis de danse, de rire et de fêtes. J'ai
peur, pensa-t-il, je ne serai jamais heureux en
amour.

Allait le train. Vers Hollywood.

Bogart passa seize mois affreux à Hollywood.
Du charme de la Californie et de Los Angeles, il ne
vit pas grand-chose. Hollywood le déçut. Le
premier contact avec ce lieu qui allait devenir
quelques années plus tard le centre de sa vie, fut
sinistre, malgré le soleil, les palmiers de Santa
Monica, les falaises au bord du Pacifique, et la
richesse étonnante des studios, même en ces temps
de crise. D'une part, les promesses qu'on lui avait
faites à New York de rôles intéressants s'avérèrent
fausses. Il n'eut que des seconds rôles dans des
films de second plan, comme *A Devil With
Women,* ou *Up The River.* D'autre part, dans cette
vie douce des studios, des réceptions de Beverly
Hills, il ne pensait qu'à Mary. Et la jalousie le
bloquait. Lui pourtant ordinairement si arrogant et
décontracté, beau parleur et élégant, charmeur et à
l'aise, devint timide et mal dans sa peau, parce
qu'il pensait tout le temps à Mary, parce qu'il
l'imaginait en train de danser avec d'autres, en
train d'en regarder d'autres dans le champagne de
ses yeux, en train de flirter avec d'autres, et même,
qui sait... ? Il faut dire, aussi, que les lettres de

Mary, bien tendres et amoureuses au début, devenaient de plus en plus distantes ; au lieu d'y laisser
vibrer de longues phrases lyriques et sentimenta-
les, d'évoquer les souvenirs, de rêver des extases
merveilleuses à son retour, le style se faisait plus
narratif, descriptif et événementiel. Les premières
lettres de Mary ne parlaient que des yeux de
Bogart, de sa bouche, de ses mains sur son corps,
des voyages qu'ils feraient plus tard, eux seuls,
tous les deux, mais au fur et à mesure que le temps
passait, elle ne racontait que son emploi du temps,
des courses faites dans les grands magasins de New
York, des potins des coulisses de théâtre, des
histoires ennuyeuses de contrats — et ça se terminait par un vague « à bientôt ». Bogie sentait qu'il
y avait quelque chose. Que ce n'était plus sa Mary.
Il comprenait bien qu'il avait eu raison de se méfier
de la « permission » de Mary ; qu'elle cachait bien,
comme il le craignait, une épine. Souvent, il tenta
de téléphoner à leur appartement, mais elle n'y
était jamais. Pas plus qu'elle n'était au *Dizzy*, ou en
d'autres clubs où elle avait ses habitudes, autrefois,
avec Bogie. Oui, autrefois : il sentait que sa vie
heureuse avec Mary appartenait à un autrefois.

« Tu ne seras jamais heureux en amour ! » Il ne
profita pas du tout de la « permission » de sa
femme. L'angoisse, la jalousie, la déception,
l'exaspéraient trop. Une ou deux fois, comme pour
oublier ses obsessions, ses rancœurs, il flirta vague-

ment avec des inconnues dont il ne se rappelait
plus le nom le lendemain matin. L'une d'elles, un
jour, le rencontra de nouveau, lui reprocha de ne
pas lui avoir téléphoné. C'était dans un studio,
dans une loge. Bogart lui répliqua vertement :

— Je me fous de vous, je m'en fous complètement, vous ne comprenez pas que ma vie est à New
York. Votre Hollywood, vous pouvez vous le
mettre où vous voulez.

Dès la fin des prises de vue, il prit le train vers la
côte Est, vers New York. Le trajet durait plusieurs
jours. Pendant ce trop long temps, Bogie arpentait
les couloirs des wagons. Vêtu d'un imperméable
boutonné et ceinturé, d'un imperméable au large
col, la mâchoire crispée, il fumait, le mégot collé
aux lèvres, l'œil vide de toute expression, la tête
tout aussi vide, dans l'attente d'arriver, mais aussi
dans la crainte de connaître une vérité qu'il
soupçonnait déjà. Filait le train. Le Kansas... Le
Missouri... L'Indiana... L'Ohio... Filait le train,
trop lentement. La nuit, le jour : il marchait.
L'imperméable toujours boutonné. Il avait cette
tête qu'il aura plus tard, jouant les durs blasés et
sensibles, les « privés » dans les films d'Huston et
de Hawks. Et, interprétant ces films, il repensera
souvent à ce temps-là, à cet effroyable voyage, où
l'anxiété et la jalousie lui donnaient ce visage
neutre, buriné comme une statue.

Enfin New York. La gare centrale. Là où il avait dit adieu à Mary. Adieu. Oh ! Mary. Les fumées...

Elle n'était pas chez... lui, chez eux.

Elle n'était pas au *Dizzy*.

La nuit. Il marcha longuement. Quelques flaques d'eau l'éclaboussaient de leurs reverbérations. Il ferma les yeux. Il traversa la rue au milieu des voitures. Il pensait : s'il y a un choc, si je me fais écraser, tant pis ou tant mieux.

Quand il ouvrit les yeux, il se trouvait de l'autre côté de la rue. Et pas écrasé. Alors il y eut la tristesse, quelque chose de nerveux derrière les yeux. Il revint au *Dizzy Club*. Il était déjà une heure de matin. La fatigue fermait souvent les yeux de Bogart ; une fatigue accumulée depuis des mois et surtout depuis trois jours de train.

Il s'avançait dans le *Dizzy*. Les lumières d'aquarium le prenaient à la gorge. Jim, son copain, le serveur, derrière le bar, avec sa chemise trop blanche et son nœud papillon, paraissait éviter son regard. Bogart le provoqua. Lui, il avait vraiment l'œil froid.

— Jim. Où est Mary ?

— Mary ?

Jim baissa les yeux.

— Mary ? Comment veux-tu que je...

Bogie le saisit par la chemise qui sortit presque complètement de son pantalon. Le nœud papillon de Jim n'en menait pas large !

— Jim. Où est Mary ?

Jim, secoué comme un pommier, bégayait. Silence au *Dizzy*. Les lampes vertes se cachaient. Mais quelques bouches souriaient parmi les buveurs.

Alors Bogie, le bagarreur, comprit qu'il était ridicule, qu'il jouait vraiment le rôle imbécile du cocu furieux, et qu'il ne pouvait que faire sourire... Il lâcha Jim, qui roulait de grands yeux affolés.

— Brave Jim. Je sais bien où elle est, Mary ! Elle est chez nous. C'est moi qui suis un pauvre vagabond.

Et Bogart eut son maigre sourire. Mais la cicatrice au-dessus de sa lèvre était bleue.

A ce moment-là, Bill Brady, son ami, arriva, accompagné de quelques filles. Les deux vieux compagnons s'embrassèrent.

— Bogie, tu es revenu !

— Non, c'est mon fantôme. Je suis toujours à Hollywood. J'y joue un film où je cherche une femme que j'aime.

— Et comment s'appelle la femme que tu aimes ?

Alors pour la première fois depuis beaucoup de jours, les yeux de Bogart semblèrent rire.

— Elle porte tous les noms : Aubépine, le matin, Bleuet, le soir, Anémone, à midi, et Véronique à quatre heures de l'après-midi.

Bill Brady pensa : elle s'appelle Mary, la femme que tu aimes, vieux flambeur. Et il baissa les yeux.

Bogie comprit.

On s'installa à une table. C'était une joyeuse compagnie. Les filles étaient assez éméchées. L'une d'elles se colla sur l'épaule de Bogart :

— Toi, tu es le Grand Triste.

Bogart s'en débarrassa d'un haussement d'épaule. Mais il pensait : c'est vrai, ce soir je suis le Grand Triste. La fille râlait de ce fort mauvais accueil. Humphrey se rattrapa :

— Et, toi, as-tu un nom, à deux heures du matin ?

— A cette heure, je m'appelle Coccinelle.

Elle était blonde avec de grands yeux endormis. Bogie lui sourit. La fille remit sa tête sur son épaule. Et sa tête devint très lourde : sans doute s'endormait-elle. Les autres filles faisaient semblant de rire, mais tout le monde finalement en avait assez, et ne rêvait que d'un lit, de la tranquillité du sommeil solitaire. Bill, lui-même, pourtant si fêtard d'habitude, paraissait mal à l'aise, fatigué lui aussi. La conversation vasouillait.

— Et alors, Hollywood, c'est bien ?

— Oui, pas mal. Pas mal...

De la pure politesse. Entre les cheveux de Coccinelle, Bogie regardait Bill : sa tête se tournait souvent vers l'entrée du club, comme s'il craignait l'arrivée de quelqu'un.

Bogart se pencha vers lui. La tête de Coccinelle tomba, et la pauvre fille se réveilla, râla d'avoir un coussin aussi mobile, et se rendormit sur le dos de Bogart, penché vers Bill :

— On serait bien emmerdé tous les deux si elle arrivait.

Bill baissa les yeux. Les releva. Le regard de Bogie était trop net, trop franc, trop perçant. Deux diamants. Bill baissa de nouveau les yeux.

— Tu sais ?

— Et on serait de plus en plus emmerdé tous les deux, si elle se pointait avec lui, continuait Humphrey, pâle, brutal.

— Tu sais ? répéta bêtement Bill Brady.

— Et on va être vraiment emmerdé tous les deux, tu sais, mon ami Bill, car les voilà tous les deux.

Souvent, repensant à cette scène, Humphrey se demanda comment il avait su. Car il avait dit ça comme ça. Presque par hasard. Quand il prononçait cette phrase personne n'arrivait, personne n'entrait au *Dizzy Club*. Mais Bogart avait affirmé, avec certitude. Reconnut-il inconsciemment son odeur ? Perçut-il un mouvement qui n'était pas encore visible ? Mais il affirma. Et ce fut vrai.

Sous les yeux étonnés de Bill, sous le regard de Bogie qui savait, Mary apparut, par magie. Mary entrait, virevoltante, un bras en l'air, comme si elle dansait. Mary, et derrière elle un homme qui lui

tenait la main, un jeune homme blond, en veste et
pantalon blancs.

Bogart ne bougea pas.

Et Mary entrait, comme une reine, une dame
attendue, parcourant des yeux les visages des
habitués du *Dizzy*. Elle le vit. Soudain. Bogart.

Bogart ne bougea pas.

Elle resta la bouche ouverte. Un doigt en l'air.
Tétanisée. Son compagnon, le jeune homme élégant en blanc, comprit tout de suite dans quel
piège il sautait à pieds joints. Il reculait vers la
porte. Mais, dans sa précipitation, il heurta une
table. Sur cette table reposaient des verres. Il
tomba. La table tomba aussi. Les verres, très
lentement, dégringolèrent, se cassèrent. Cela fit un
bruit terrible. Aussi terrible que le regard brisé de
Bogie. Il ne respirait même plus, tant il regardait
Mary qui restait toujours la bouche ouverte, un
doigt en l'air, arrêtée.

A ce moment-là, Coccinelle bâilla. Bogart se
retourna rapidement, comme s'il s'apercevait seulement de sa présence. Elle ouvrit un œil plein de
sommeil. Sa bouche était moite. Lentement, très
lentement, comme s'il accomplissait un vœu, un
souhait, comme s'il signait un pacte, il embrassa
cette Coccinelle sur la bouche. Dans son sommeil,
elle ne s'aperçut de rien, prêta sa bouche. Les yeux
fermés. Bogart, lui, gardait les yeux ouverts. Fixés

vers Mary. Puis la tête de la Coccinelle retomba, fatiguée, sur l'épaule d'Humphrey.

Mary restait immobile. Son compagnon tenta de se relever. Et puis cria. Et puis devint tout rouge. Décidément, la situation, pour lui, était de plus en plus catastrophique. Il s'était coupé la main avec les verres cassés. Il agitait sa main qui pissait bêtement du sang. ça giclait sur son beau costume de play-boy.

— Holà ! holà, miaulait-il, je me suis coupé.

Puis, certainement, il se rendit compte de l'incongruité de sa voix au milieu du silence. Il prit le parti de fuir à toutes jambes, en couinant toujours :

— Oh là là ! oh là là !...

Mary restait toujours immobile, fixant Bogart, sans prêter nulle attention aux exploits de son cavalier.

Bogart lui aussi, regardait Mary. Mais ses yeux ne disaient rien. Vraiment rien.

Bill Brady ne savait pas quoi faire. Coccinelle s'était rendormie, et les autres filles qui l'accompagnaient, tout en sentant qu'il se passait quelque chose de grave, étaient trop soûles pour avoir une quelconque réaction. Bill secoua le bras de Bogart.

— Vous aviez passé un accord...

— Tais-toi, murmurait Bogart.

— Mais si, un accord, tu pouvais...

— Tais-toi !

— ... Elle pouvait, vous êtes en règle, en règle... Elle pouvait...

— Tais-toi.

— Non, Bogie, ne fais pas l'imbécile, Mary t'aime, mais, elle pouvait... votre accord...

Mais Bogie n'entendait pas la voix de Bill, son ami de toujours. Il entendait la voix d'Helen, cette voix morte pour lui, cette voix qui répétait :

« Jamais heureux en amour, jamais »...

Alors une rage surgissait en lui, une rage venue du fond de sa tristesse, une rage de cogner, un souvenir de son enfance à New York, de ses jeux avec Bill, autrefois, des bagarres entre les bandes rivales, il rugit, Bogart ; toute cette angoisse de la jalousie amassée en lui, ces journées de trains, ces soirs de désespoir. Oh ! Mary, pensait-il, Bon Dieu, je suis amoureux, amoureux à en crever !

— Barrez-vous tous. Je dis.

Et il renversa la table.

Coccinelle se réveilla. Bâilla. Mais Bill avait compris. Il attrapa Coccinelle et les autres, et partit, vite, non sans avoir lancé un regard à Bogie, un regard qui en disait long. Jim, le barman, lui aussi, s'échappa. Il n'y eut plus personne au *Dizzy Club*. Plus personne à part Mary et Bogie.

Les lumières vertes furent les seules spectatrices.

Bogart se tenait très droit. La bouche tordue. Ferme. Il voulait Mary, pour lui, pour eux.

Et Mary ne riait plus. Ne faisait plus la fête, ce soir-là. Elle comprenait soudain l'amour et la douleur. Etre deux, et deux seuls au monde. Comme un doigt qui lentement caresse une joue : pour l'éternité. Elle était toute petite, Mary, devenue soudain adulte. Soudain sérieuse.

Bogart lui parlait lentement, en détachant ses mots.

— Qui c'est ce con ?

— Roland Young.

— Tu l'aimes ?

— Oui, peut-être... Non, certainement.

— Tu veux vivre avec lui ?

— Non.

— Alors ?

Elle levait la tête. Ses yeux étaient pâles. Mais s'y voyait comme une tendresse, une main tendue.

— Alors rien. Tu m'as manqué. Mais je ne voulais pas penser à toi. Je ne voulais pas que tu me manques. Je voulais être heureuse. C'était idiot, ton départ. Tu comprends.

— Oui.

Et le cœur de Bogart battait de plus en plus fort.

— Tu le reverras ?

— Non. Non. Plus jamais.

— Pourquoi ? Tu es peut-être plus heureuse avec lui qu'avec moi.

— Non.

— Comment le sais-tu ?

— Je le sais.

— En es-tu vraiment sûre ?

— Absolument. Toi tu es solide. Et maintenant j'en ai assez. J'ai besoin de toi. On ne peut pas vivre un amour qui est permis par un autre.

— J'ai passé des mois d'angoisse, dans ce soleil de l'Ouest. Des mois d'horreur. Parce qu'il me manquait tes yeux de champagne.

— Les voilà, mes yeux. Ils sont là, pour toi. Uniquement pour toi.

Et il y eut soudain les yeux d'émeraude de Mary, brillant vers Humphrey, comme une glace qui fond dans la chaleur d'un cœur qui bat.

— J'ai passé des mois de tristesse et de jalousie, sous le soleil, parce qu'il me manquait tes fossettes et tes taches de rousseur.

— Les voilà, mes fossettes, mes taches de rousseur. Uniquement pour toi. Regarde, ils sont tous partis, nous sommes seuls au milieu de la mer.

Le noir, la pénombre, des yeux complices, musiques douces...

Avaient-ils bougé ? Il y a quelques instants, ils étaient si loin. Maintenant, dans les bras l'un de l'autre.

— Oh ! Mary, je sais que je t'aime, et pour toujours.

— Moi aussi, Humphrey, oh moi aussi, et pour toujours.

Leurs bouches se frôlaient, se touchaient, et une à une s'éteignaient les lumières. Longue est la nuit.

IV

Humphrey et Mary décidèrent de ne plus se quitter. Ils partirent en vacances dans le Massachusetts, au bord de l'Atlantique. Depuis longtemps, Bogart n'avait pas fait de bateau. Et ça lui manquait. Il regardait les longues vagues avec nostalgie.

Un après-midi, ils se promenaient au bord de l'océan, sur les longues plages ; le soleil se couvrait de quelques nuages. Les cheveux roux de Mary se gonflaient de vent :

— Tu rêves d'un bateau, Bogie ?

— Oui, mais toi tu n'aimes pas faire du bateau.

— Je ne sais pas, je n'en ai jamais fait. Mais je t'aime, et si tu aimes ça, moi aussi j'aimerai ça.

— Tu auras le mal de mer, petite puce.

Les vagues, les écumes, le large. L'odeur de l'Océan... plus loin... Le silence...

— Pourquoi veux-tu que j'aie le mal de mer ? Pas du tout : j'ai le pied très marin, tu sais.

— Ah ! oui, fais voir ton pied marin.

Mary leva son pied très haut vers Humphrey, elle manqua tomber, il la retint. Le pied de Mary était plein de sable mouillé. Bogart fit semblant de l'examiner de près, comme un docteur.

— Il n'est pas du tout marin, ce pied, pas du tout.

— Comment, il n'est pas marin ? Tu vas voir s'il n'est pas marin !

Et hop, avec ses doigts de pied nus, comme une pelle, elle attrapa du sable mouillé et l'envoya dans le nez de son mari. Humphrey cracha et courut après ce diable de moussaillon pour lui donner une fessée.

Mais Mary courait plus vite que lui, elle criait :

— Attention, une baleine à tribord, attention un poisson-chat à bâbord.

Finalement Bogart l'attrapa, et au lieu d'une fessée, lui donna un baiser sur la bouche avec ses lèvres pleines de sable.

— Pouah, dit Mary, j'ai la bouche marine, pouah, je suis une grande capitaine.

Plus tard, le soleil se couchait, ils revenaient à leur hôtel. Bogart regardait la mer. Il pensait aux bateaux de son adolescence, sur le lac Canandaigna. Mary savait qu'il y pensait, que vraiment ça lui manquait de plus en plus.

Le soleil était rouge et l'océan couleur de crépuscule.

— Ecoute, dit Mary, écoute-moi, mon Bogie, on va acheter un bateau. On va gagner beaucoup d'argent en jouant des pièces de théâtre, et puis on économisera tout pour acheter un bateau.

D'émotion, Bogie ne pouvait plus parler. Il embrassa le bout des doigts de sa femme.

Mais quand ils revinrent de vacances, ils ne trouvèrent pas de travail. Les théâtres fermaient. C'était vraiment la crise.

Ils sortent moins le soir, d'ailleurs ils n'ont plus tellement envie de faire la fête, d'une part parce qu'ils se trouvent mieux ensemble, d'autre part parce que personne n'a envie de faire la fête à cette époque.

L'argent manque. Les gens sont tristes.

Bientôt leurs économies s'épuisent.

Ils sont obligés de déménager, car le loyer de l'appartement est trop cher. Ils emménagent dans un deux-pièces cuisine, dans la 52e Rue. Ils restent souvent toute la journée chez eux. Ils se protègent. Ils se construisent un univers fermé d'amour, pour lutter contre la peur de la pauvreté. Et quand ils sortent, ils vont de théâtre en théâtre, pour se proposer. Mais peu de théâtres montent de nouvelles pièces, et ils ne sont pas assez célèbres pour être pris dans les très rares créations.

Ce fut une époque de misère. Au début, ils en étaient heureux, presque. Ils s'aimaient. Et finalement goûtaient assez de ne pas travailler. Ils y trouvaient vraiment du charme. Ils faisaient le marché ensemble. Parcouraient des kilomètres pour acheter moins cher, s'organisaient de petites dînettes.

Bogart acheta un jeu d'échecs, et passa ses journées à étudier des coups ; à jouer avec quelques amis.

— Je suis triste, disait Mary : Bogie ne peut plus acheter un bateau, maintenant.

— Ça ne fait rien, t'en fais pas, la puce, lui répondait Bogart, notre maison est un bateau, notre lit est un bateau.

Et le soir, dans leur lit, ils s'imaginaient en bateau.

Une nuit, même, Bogie planta un lampadaire au milieu du lit, un haut lampadaire recouvert d'un drap, comme un mât et une voile. Et le lit se mit à flotter. Et soudain Bogie riait, un bonheur merveilleux lui faisait frissonner le dos. Oui, il était avec Mary, sa Mary en bateau. Et elle lui soufflait le bruit de la mer dans les oreilles. Mary ne connaissait pas le bruit de la mer. Elle ne connaissait pas le bruit du grand large. Elle ne soufflait que des maladroits « fuiit, bouiiiit, pchou pschou », dans les oreilles d'Humphrey. Mais pour lui, c'était vraiment le bruit de la mer — et il sentait l'odeur de sel froid, les fines aiguilles du vent !

Cette nuit-là, ils allèrent loin, loin. Leur amour avait un goût de vagues. Ils s'étonnèrent, au matin,

de se retrouver dans un pauvre appartement de
New York.

Mais les poissons, les dauphins, les grands
squales imaginaires ne les nourrissaient pas. Ils
voyaient vraiment maintenant la grande misère
pointer son nez. Bogie demanda de l'argent à son
père ; mais ce dernier s'était endetté jusqu'au cou,
comme tant d'Américains à cette époque.

— Je ne vais quand même pas faire le trottoir,
plaisantait Mary.

— C'est une excellente solution, répondait
Bogart. Le métier de maquereau me plairait tout à
fait. C'est même sans doute le seul boulot pour
lequel je me sente vraiment doué, maintenant que
celui d'acteur me paraît mal barré. Tu commences
quand ?

— Ce soir.

— OK. Mais, dis-moi, est-il possible que tu
fasses le trottoir et que tu me rapportes de l'argent
sans coucher avec les clients ? Parce que ça, je ne
supporterais pas.

— Ça m'a l'air difficile.

— C'est bien triste !

— Oui. Finalement, c'est peut-être pas une
excellente idée.

Ils avaient beau plaisanter, s'aimer, être vraiment heureux ensemble, l'angoisse de l'avenir leur
serrait le ventre. Et ils commencèrent quelquefois
à se disputer. Sur des broutilles.

Bogart reprochait à Mary d'acheter des robes ou des manteaux inutiles. Mary reprochait à Bogie de trop fumer, ou de boire, quelquefois...

Pourtant ils sortaient peu. Des amis venaient souvent les voir. Les fêtes se faisaient à domicile. C'était moins coûteux. Avec des acteurs, des actrices comme eux, en chômage.

— C'est la grande misère, la vraie misère, dit l'un d'eux. Nous devenons des clochards, des clochards célestes, bien sûr, des clochards très inspirés, mais des clochards quand même.

Chacun et chacune apportait sa pitance ; maigre ! Des paquets de hot dogs achetés au marchand du coin. Et quelques litres, mais pas d'alcool chic, comme du whisky ou du gin : de la bière, le plus souvent ; et la moins chère.

— Bientôt, il ne me restera plus que mon chapeau, disait Bogart. Je serai tout nu, mais je garderai mon chapeau, et puis ce chapeau me servira à faire la quête, je sortirai dans la rue très digne (puisque j'aurai mon chapeau), et je demanderai à tous les gens de la rue la charité ; oui à tous les gens de la rue : des acteurs fauchés comme nous — le monde est un grand théâtre vide, avec plein d'acteurs fauchés.

On riait encore, mais on savait bien que viendrait vite le temps où on ne rirait plus du tout.

Mary maigrissait. Elle devenait triste. Passait souvent des journées immobile. Comme ils ne pouvaient payer aucun domestique, elle faisait la vaisselle, repassait les chemises et les nœuds papillons de Bogart. Et ne supportait pas ça.

De plus en plus, ils se disputaient pour des riens.

— Je suis devenue une souillon, voilà ce que tu as fait de moi, une souillon, une boniche. Je n'ai plus de robe convenable. Regarde celle-là, avec cette grosse tache, là, que je n'arrive pas à faire partir, parce qu'il paraît que le teinturier coûte trop cher, parce que monsieur ne peut plus me payer le teinturier, et que je ne suis pas trop douée pour la lessive...

— Oh ! tais-toi, silence !

— Non, je ne me tairai pas, non. Regarde cet appartement, c'est répugnant, regarde ces fauteuils, à moitié troués, et pleins de taches, aussi. Et tu crois que c'est normal, ce machin qui fuit sous l'évier, tu crois que ça fait bien ? Le plombier est trop cher, sans doute, pour monsieur.

— Oh ! tais-toi, Mary, tu sais très bien que...

— Non, je ne sais rien du tout. Rien. Et je ne veux rien savoir. J'aurais pu épouser le premier crétin venu, mais qui gagnerait de l'argent. J'ai épousé un artiste génial, mais qui ne gagne pas sa vie, parce qu'il est trop génial, trop génial pour les rares théâtres qui restent encore ouverts.

— Oh ! merde.

Et il partit, furieux. Il n'en voulait pas à Mary,

mais il en voulait à l'univers entier. Il retrouvait son envie de bagarre. Il marchait vite, dans les rues, au milieu des hauts buildings. Les voitures, avec les marchepieds. Et les milliards de fenêtres de New York, ces fenêtres à guillotine. Il rêvait de milliards de visages guillotinés par ces fenêtres tombant toutes en même temps, dans un grand claquement. Oui, il rêvait soudain d'une grande bagarre, pour calmer ses nerfs et son angoisse. D'une grande bagarre avec n'importe qui. Il serrait ses poings dans son imperméable. Je voudrais être un dur, je voudrais tout cogner.

A un croisement de la 52ᵉ Rue, il arrêta un grand type, avec une gabardine noire, qui semblait assez baraqué :

— Eh, toi !

L'autre s'arrêta, interloqué.

— J'ai envie de te casser la gueule. Tu permets, l'ami...

L'autre le regarda, de plus en plus surpris. Il avait un gros nez camus, des gros sourcils, une tête de brute. Bogie avait bien choisi. Le type le toisa, ironique :

— T'as des problèmes, l'ami.

— Plus que tu ne crois, l'ami.

— Et tu veux me cogner, l'ami ?

— Oui, je veux te cogner, comme ça, papa...

— Et il faut que je sois gentil avec toi, que je me laisse cogner ?

— Oui, s'il te plaît, papa...

— Et tu me donneras combien de dollars pour ça, l'ami ?

— Rien. Qu'un coup de poing. C'est bien payé. Après je t'offre un verre. OK ?

— OK, dit l'autre.

Bogie sortit un poing de sa poche, mais il avait vraiment trop bien choisi son adversaire. Avant même qu'il puisse faire un geste, il se sentit partir en arrière avec un grand coup dans toute la tête, une brûlure froide à la mâchoire. Le monde devint noir, avec des trous rouges. Le trottoir était dur. Bogie y dormit un peu, parmi les étoiles.

Quand il se réveilla, il avait envie de vomir. Il ne sentait plus sa mâchoire. Il y avait un policeman, devant lui.

— T'as des problèmes, l'ami ?

— Non. Plus aucun problème, répondit Bogie. Plus aucun. Je suis parfaitement heureux. Ça se voit pas, non ?

Bogart s'étonnait de pouvoir parler, sans mâchoire, comme ça... Il se tâta la bouche. Ça lui cuisait avec un goût de sel vif. Il se relevait lentement, très lentement. Ça durait une éternité.

— Maintenant, tu t'en vas vite, disait le flic, lentement, très lentement.

— OK, OK, te fâche pas. Je suis heureux, parfaitement...

Il tangua un peu. Puis le monde devint un peu plus réel.

Non seulement je suis un acteur raté, mais aussi un « dur » raté.

Il entra dans un bar. Boire un gin avec du citron. A côté de lui, un enfant mangeait une glace recouverte d'une montagne de crème. Le serveur du bar portait une petite toque blanche, ridicule. Il y avait plein de matière plastique, dans ce bar modern'style. Tout est en toc, comme moi, se disait Bogie. Ça ne peut plus durer.

Ça pouvait plus durer. Il fallait trouver une solution à cette dèche. Mary ne supportait plus ça, et elle avait raison. Ce coup de poing avait réveillé Bogie. Il eut soudain très peur que Mary le quitte, trouve quelqu'un qui lui donnerait de l'argent, qui la ferait mieux vivre que lui. Oui, soudain, il se sentait lamentable, aussi lamentable que la crème fraîche du gamin.

— Elle est bonne ta crème, fils ?

— Dégueulasse, répondit le gamin, qui pourtant avait l'air de se régaler.

— Oui, fils. Moi aussi, je suis dégueulasse. Aussi dégueulasse que ta crème. Tu comprends, fils ?

— Oui m'sieur.

— Tu sais jouer aux échecs, fils ? lui demanda Bogart après un long silence.

— Non, m'sieur.

— Faut apprendre, fils. Nous sommes tous des pions, sur un trop vieil échiquier. Tu comprends, fils ?

— Oui m'sieur.

— Est-ce que tu crois qu'une crème fraîche dégueulasse peut jouer aux échecs ?

— Oui, m'sieur, répondit le gosse, comme ça, par hasard ; à vrai dire il s'en fichait éperdument. Il avait de bonnes joues roses. Un futur obèse, pensa Bogart. Puis il ajouta :

— Merci, fils. Tu m'as donné une idée.

Il paya. Sortit. Revint un peu en arrière. Aperçut, de nouveau dans le bar, le gamin qui finissait sa crème, sans plus penser au vieux fou qui venait de lui parler.

Il rentra vite chez lui. Monta quatre à quatre l'escalier. Au bruit de ses pas, Mary se précipita :

— Oh ! pardon, pardon, pour tout à l'heure. Pardon. J'étais si énervée, si fatiguée...

— C'est rien, c'est rien, Mary !

— Oh ! Bogie, oh ! toi. J'ai eu si peur que tu ne reviennes pas. Si peur. Le monde est si vide sans toi.

— Mary, ma chérie : tu avais raison, mille fois raison. Tu dis vrai, cet appartement est ridicule, tout troué de partout. Ce n'est plus un appartement de fête, mais de fin de fête, quand tout le monde en a marre, envie de vomir. Oui, cette piaule sent le vomi. Il faut tout nettoyer. Il faut devenir riche, Mary. Je veux te payer de belles robes.

— Oh ! Bogie, Bogie, mon chéri.

— Tu te souviens, l'autre jour, quand tu parlais de faire le trottoir...

— Je plaisantais, tu le sais.

— Maintenant, je ne plaisante plus.

— Quoi ? hurlait Mary, qui ne comprenait pas du tout où il voulait en venir.

— Non, non, rassure-toi. Ce n'est pas toi qui va faire le trottoir, pas toi, si fine, si douce, si gaie, si petite ! non. C'est moi.

— Toi. Mais qu'est-ce que tu racontes ?

— Oui. Moi. Je vais me prostituer.

— Mais tu es complètement fou. Mais qu'est-ce que c'est que cette histoire, mais je ne veux pas.

— Je vais jouer aux échecs. Je vais gagner ma vie en jouant aux échecs. Avec les paris...

Mary, au début, accepta très mal cette idée, qui lui semblait très dangereuse : il risquait en effet de perdre beaucoup plus d'argent. Mais Bogart se lança.

Tous les soirs, il allait au *Club 21*, et pariait sur lui-même des parties d'échecs. Au début, il pariait de petites sommes. Puis il commença à gagner, à gagner. Gagner les parties, gagner de l'argent. Non seulement de l'argent qu'il misait sur lui-même, mais rapidement aussi un pourcentage sur les paris que des spectateurs tenaient sur lui. Bientôt, il fut un des plus redoutables joueurs de ce coin de New York. Les paris devenaient de plus en plus gros. Il gagnait souvent. L'argent afflua au foyer des Bogart. Et Mary retrouva sa joie de vivre.

— Finalement, soupirait Humphrey, je ne peux gagner mon argent que dans le jeu : le jeu au théâtre, ou le jeu d'échecs. Je suis un joueur. D'ailleurs mes talents, si talents il y a, de comédien sont très importants pour les échecs. Souvent je joue à l'inquiet, mais je sais très bien ce que je veux faire, et mon adversaire, pensant m'avoir fourré dans une dangereuse position, se décontracte, devient trop sûr de lui, et fait moins attention : tombe dans le piège que je lui avais préparé.

Bogie fit repeindre leur appartement, dans des teintes vives — un living entièrement rouge sembla aux visiteurs très osé ! —, fit recouvrir les fauteuils, réaménagea la cuisine, et reprit une femme de ménage. La bonne étoile revenait.

Mary était un peu inquiète, cependant. Elle savait que la chance au jeu peut tourner, même si les échecs ne sont pas vraiment un jeu de hasard. Elle se disait que ce n'était pas une façon très naturelle, très sûre, de gagner de l'argent. D'un autre côté, sa mentalité d'aventurière, d'insouciante, de petit ange rigolard et débrouillard, appréciait beaucoup cette manière de gagner sa vie. Elle vécut, à part quelques inquiétudes finalement passagères, une période très heureuse. Elle regret-

tait bien sûr de ne pas voir Bogie le soir — les
parties, souvent, finissaient très tard —, mais ils
avaient toute la journée pour eux ; et là, ils
restaient seuls à se câliner. Ils avaient retrouvé
leurs rires.

Souvent ils parlaient de leur carrière d'acteur,
carrière pour l'instant bien entre parenthèses. Mais
ils savaient l'un et l'autre qu'ils n'y renonçaient
pas, que là résidait sans doute leur véritable
destinée.

Cependant, pour l'instant, il n'y avait vraiment
aucun contrat en vue.

Oui, Mary était de nouveau heureuse ; elle
pouvait s'acheter des robes, et surtout être fière de
son Bogie qui gagnait leur vie d'aussi astucieuse
manière ; qui se débrouillait aussi bien. Elle pensa
même avoir un enfant de lui. Et lui en parla un
soir.

Bogart resta muet. Jamais il n'avait pensé avoir
un bébé. Les bébés lui faisaient un peu peur. Il se
donnait comme alibi qu'un bébé entraverait sa
carrière de comédien, que c'était une gêne, un
handicap. Mais surtout, il ne se voyait pas du tout
avec un bébé entre les bras. Les rares fois où, chez
des amis, il s'était trouvé en face d'un bébé ou bien
d'un enfant d'un an, il s'était vu très bête, ne
sachant que dire, quelle attitude adopter, refusant
de lui grimacer les « guiliguili » d'usage, et très
maladroit si, par malheur, la mère de famille,

voulant bien faire, lui fourrait dans les bras cette chose qui ne tardait pas à brailler. Non, vraiment, il ne se voyait pas père. Mais il ne savait pas comment le dire à Mary, sans la choquer, lui faire de la peine. Il l'aimait tant ! Il avait quelquefois si peur de la perdre ! Ainsi, quand elle lui parla de son envie d'avoir un enfant, se tut-il, inquiet, n'osant pas dévoiler une répulsion profonde, cherchant dans sa tête comment se sortir de cette situation :

— Un enfant, toi ? dit-il après un long temps de réflexion, mais tu es toi-même une petite fille.

— Non, je suis pas une petite fille.

— Mais si : la preuve, tu dis ça d'une voix de petite fille.

— Non, j'en ai assez que tu me prennes pour un bébé. Je suis une femme. Oui, une vraie femme. Je ne suis ni ta sœur ni ta fille. J'ai le droit d'avoir un enfant de toi.

Et c'était vrai ce que disait Mary : Bogie, au fond de sa tête, la prenait pour une petite fille. Il l'aimait tendrement, profondément. Il l'aimait, amusé, ému, bouleversé. Il ne l'aimait pas comme on aime une femme. Il se rendait compte de ça, maintenant. Il s'en rendait compte avec anxiété. S'était-il trompé ? L'aimait-il autant que ça ? Oui, il l'aimait. Mais mal, certainement. Il ne l'aimait pas comme une femme mûre. Et dans cette conversation, il ne savait plus quoi dire. Il ne voulait pas que Mary comprenne trop nettement qu'il l'aimait d'une passion tendre, mais pas violente. Or un enfant signifiait pour lui le résultat d'une passion violente. Et puis, non, un enfant, non, il ne pouvait pas se faire à cette idée. Et surtout un bébé de Mary, non, non, il ne pourrait pas. Il s'emberlificotait dans ses sentiments. Il s'y perdait. Il ne savait plus. Il sentait que ses arguments étaient vaseux, mais il n'en possédait pas d'autre. Ainsi continua-t-il sur ce terrain qu'il savait miné :

— Non, non, Mary ! C'est pas possible. Je ne pourrais pas te faire un enfant, non. J'aurais trop peur que tu aies mal. J'aurais trop peur de te faire mal. Cet enfant, il va t'abîmer complètement lors de l'accouchement, non, je...

— Tu te fous de moi... Non, dis-moi plutôt que tu ne veux pas d'enfant de moi.

Bogie restait très digne, le visage sans expression, sans sourire, très droit, comme s'il savait très bien ce qu'il disait. En fait il ne savait pas du tout. Il savait qu'il était avec Mary d'une totale mauvaise foi, et que plus il continuait cette conversation, plus il se dévoilait :

— Mais si je veux un enfant avec toi,... Mais je ne veux pas d'enfant avec toi, enfin, si, mais...

— Mais quoi ?

— Mais j'ai peur que tu aies mal.

Bogie se raccrochait comme un sale gosse buté à

cette phrase stupide, qui ne lui paraissait pas plus
bête qu'une autre. Mary ne put rien lui tirer
d'autre ce jour-là.

Elle ne parla plus d'enfant. Mais cela resta entre
eux deux. Quelquefois Mary y faisait allusion,
devant des amis :

— Vous croyez que j'ai trente ans. Mais deman-
dez à mon mari : j'ai l'air comme ça d'être adulte,
mais en fait j'ai huit ans, oui, huit ans ! C'est tout
juste s'il arrive à faire l'amour avec moi. Et je ne
peux pas avoir d'enfant. Pensez, ça m'abîmerait
complètement.

Bogart, à ces moments-là, devenait blanc, fermait son visage, un maigre sourire parcourait les
cicatrices de ses lèvres. Ses yeux étaient alors
d'outre-temps.

Il savait bien que cette histoire les éloignait. Que
Mary lui reprochait son attitude. Mais l'idée même
de Mary accouchant lui donnait des sueurs froides.
Oui vraiment, pour lui, elle était une petite fille.

Et Mary s'en rendait de plus en plus compte.
Tant et si bien que souvent, pour se moquer de lui,
elle faisait vraiment l'enfant ; elle lui demandait des
permissions : est-ce que je peux me moucher ? Est-
ce que ta petite fille peut sortir sous la pluie ? Mais
tu sais que ta petite fille est en sucre, elle risque de
fondre !

Bogie sentait alors une sorte de picotement sur
ses mains.

Bien vite le jeu cessa, mais le malaise persista de façon latente entre eux : Bogart reçut un coup terrible. Son père mourut. Le docteur Bogart succomba à un infarctus.

Bogart eut très mal, le jour de l'enterrement. Il aimait très fort son père. Il ne pleura pas. Mais sa gorge tremblait d'émotion. Il avait été bouleversé par la tête de son père sur son lit de mort. Il resta longuement à contempler ce visage calme, trop calme. De cette immobilité ressortait une insupportable violence. La mort, se disait Bogie. La mort. Un jour, moi, comme lui... Un jour, bientôt... Son père voulait être incinéré. Cela surtout troubla Bogie. Partir en fumée, non. Non, moi jamais je ne me ferai brûler. Et puis soudain, plus qu'à sa propre mort — après tout on ne pleure jamais à son propre enterrement — il pensa à la possible mort de Mary.

Il était là, devant le cadavre de son père. Le visage sans aucune expression comme dans les moments les plus graves. Mary, à côté de lui, comprenait tout cela : elle serrait très fort la main de cette tendre brute qu'elle aimait. Elle eut très fort envie de l'embrasser, là, devant ce corps endimanché, mort, recouvert d'un drap blanc : mais ce n'était pas possible. Et ce puritain de Bogie n'aurait jamais accepté une telle preuve d'amour et de complicité à ce moment.

Il avait trente-quatre ans, Bogie, là, devant la

mort de son père. Et qu'avait-il fait de sa vie ?
Rien. Un acteur un peu célèbre, mais vite oublié.
Aujourd'hui un chômeur qui vivait du jeu. Pres-
que un raté.

Mais là, devant ce corps mort et froid, il ne
pensait pas à ça. Il pensait : ce corps va brûler. Il
ne va plus rien rester.

Mary voulait accompagner Bogie à l'incinéra-
tion. Elle voulait le suivre partout. Partager sa
tristesse. Mais Bogie refusa. En très peu de mots
(depuis cette mort, il parlait si peu, comme si une
grille de prison lui fermait la bouche), il lui
expliqua qu'il voulait être seul, ce jour-là. Que la
crémation d'un père, cela regardait le fils. Et le fils
seul. Qu'après tout, c'était une affaire entre
hommes.

Et il alla seul. Il pleuvait. Il avait sa gabardine et
son chapeau.

Et il alla seul. Au crématoire de Fresh Pond, à
Long Island. Le seul crématoire de New York à
cette époque.

Il alla seul, marchant longuement, à pied,
comme pour un pèlerinage. Il ne pensait rien. Et
dans la salle où la famille attend que le corps soit
brûlé, dans cette pièce blanche qui ressemblait à
une salle d'attente de clinique, avec la même odeur
de lessive froide et de désinfectant, avec les mêmes
plantes vertes fatiguées, dans cette salle, où, selon
les désirs des morts, on passe des disques de

musique classique, là, il était seul : sa mère n'avait pas voulu venir, ni ses sœurs. Juste deux ou trois amis de son père, qui ne le saluèrent même pas.

Il marchait de long en large. Le disque choisi par son père : un lied de Schubert. La musique allait et venait dans sa tête, comme les vagues d'un océan. Il pensait : maintenant il brûle, maintenant les os éclatent, se carbonisent, c'est inadmissible, non, non, je ne peux pas supporter ça.

Il marchait, les yeux secs, le visage crispé. Il y avait là un employé de la morgue, presque de l'âge de Bogie, un Italien émigré :

— C'est votré père, hé ?

— Oui.

— Alors vous êtes son fils, hé ?

— Oui. Bien sûr.

— Il a dé la chance, votre père d'avoir oun fils comme vous.

— Vous croyez qu'il a de la chance, maintenant !

— Si, si, il a toujours dé la chance, mêmé maintenant.

— Ah bon ?

— Si si il a toujours dé la chance. Moi j'avais oun fils. Et il serait dévenou commé vous ! il est mort ! A oun an. Bambino !

Les ongles de Bogie s'enfoncèrent dans sa paume.

Adieu : du crématoire sortit une petite boîte. Tout ce qui restait d'un adulte.

Une petite boîte, quelques cendres. Vivre pour ça ? Il marchait lentement dans les rues, seul. Toujours. Bogart, Humphrey Bogart : uniquement une petite boîte, avec dedans quelques cendres de cigarette. Quelqu'un courait derrière lui. Il ne voulait parler à personne. Personne.

Mais ce quelqu'un lui prit le bras. Bogart se retourna. C'était un vieil homme maigre avec une moustache blanche et un grand chapeau :

— Humphrey, Humphrey (il respirait court, il avait couru), je suis William Mc Forest ! L'avocat de votre père.

Bogie ne répondit rien. Devant lui, il y avait un grand mur, et une haute cheminée qui fumait : le crématoire. Encore un autre père. Encore un autre papa qui brûle...

— Humphrey, il faut que je vous voie, que je vous parle. Votre papa, votre pauvre papa, il laisse des tas de dettes, des milliers de dollars de dettes ! Qu'allons-nous faire ? Vous êtes héritier. Vous héritez aussi des dettes !

— Je paierai. Tout. Tout. Salut.

Et il repartit, tranquillement, de son pas nerveux. Il marcha longuement. Maintenant, c'est fini de s'amuser. Maintenant, je dois devenir célèbre et riche. Pour Mary. Pour moi. Pour papa. Je serai le plus grand acteur. Pour moi.

V

Mary ne le reconnut plus. Du jour au lende-
main, il devint un professionnel. Il lui avait dit :
— Dans quinze jours, j'aurai un grand rôle à
Broadway.

Et depuis, il se démenait. Il visitait tous les
théâtres, assiégeait les bureaux des directeurs, se
faisait voir, rappelait ses rôles passés ; se mettait en
valeur. Et Mary, prise dans ce vertige, cet espoir,
le soutenait. Une grande joie l'animait. Elle en était
sûre : ils allaient sortir de la mouise ! Elle l'aidait :
— Oui, tu vas réussir, je le sais. Je crois en toi.
— Moi aussi, je sais. Et c'est pour toi, pour toi.

Alors, il la câlinait, et ses grandes mains savaient
la prendre, la rassurer — elle se sentait maintenant
femme dans ses bras, et plus du tout une petite
fille...

Et la chance vint !

Un théâtre l'engagea dans le rôle principal de *La
Forêt Pétrifiée*, une pièce de Robert E. Sherwood.

Ce fut un énorme succès. Bogart interprétait,

dans cette pièce, le rôle d'un gangster évadé d'un pénitencier, et qui prend des otages. C'était vraiment le premier rôle « à la Bogart », et plus du tout des emplois de jeune premier, comme il en avait tenus jusqu'ici et qui s'accordaient moins bien avec son physique, son caractère, et surtout avec son rêve, son désir d'être un « dur », un costaud au regard froid. Oui, là, sur scène, son rêve se réalisait, son rêve qui n'éclatait jamais dans sa vie où finalement il restait plutôt un tendre sentimental et un peu naïf sous de fausses allures d'ours brutal. Oui, ce fut un énorme succès. Toute la presse chanta les louanges d'un nouvel acteur, d'une révélation. La salle était pleine tous les soirs. Enfin Bogart était vraiment lancé.

Humphrey Bogart devenait Humphrey Bogart.

Mary rayonnait. Elle était fière. C'en était fini de la misère. Ils prirent un autre appartement, plus grand. Sans cesse des journalistes venaient interviewer le nouveau grand acteur. La gloire. Les yeux de Bogie riaient. Il embrassait Mary sans arrêt, la câlinait, l'entraînait dans des danses, dans des rencontres. La vie devint un manège multicolore.

Oui, elle était heureuse, Mary. Mais peut-être, au fond de son cœur, un peu jalouse aussi. Car elle n'était que la femme d'un comédien célèbre, que l'épouse d'une vedette, elle qui rêvait aussi d'une grande carrière d'actrice. Elle aimait Bogart, était heureuse de son succès. Mais voulait, elle aussi, un jour, avoir du succès. Elle trouvait, peut-être aussi, que Bogie ne l'aidait pas assez. Il aurait pu, pensait-elle quelquefois, profiter de ses appuis pour la pousser. Elle le lui reprochait un peu ; sans toutefois le lui dire, en parler avec lui. Et lui aussi y pensait, mais il avait peur que Mary lui en veuille de l'aider comme si elle n'était pas capable de se débrouiller seule, d'arriver par son propre talent. Ainsi ne leva-t-il pas le petit doigt en faveur de sa femme. Ce décalage dans la célébrité mit une certaine tension souterraine dans le couple. Cela, ajouté à cette histoire pas oubliée de l'enfant refusé par Bogart, introduisit souvent une petite réserve, une certaine froideur et parfois de lourds silences dans leur amour et leur vie quotidienne.

Néanmoins, Bogart rayonnait. Il recevait les journalistes, des tas de gens lui téléphonaient, le félicitaient. Enfin il était reconnu comme grand acteur.

Mais ce bonheur, finalement causé par le choc de la mort du père de Bogart, fut troublé par une autre mort qui le bouleversa tout autant. Celle de son camarade, son ami, son confident, Bill Brady. Mort atroce : brûlé vif lors de l'incendie de son bungalow ! Il alla avec Mary à l'enterrement ; il y avait là tous les amis. Le père de Bill, le vieux William Brady, qui avait été le premier à lancer Bogart, lui dit, en larmes, qu'il était fier que son fils ait eu un ami tel que lui. Bogie le serra dans ses bras... comme un père.

Le soir, il parla longuement à Mary :

— Cette mort atroce. Oui, vraiment, tu sais, il faut se dépêcher. A trente ans, on est déjà vieux. Il faut se dépêcher de vivre... On n'a pas tellement de temps. Le feu d'un crématoire, ou bien l'incendie d'une maison, nous rattrape vite... Le feu. Il faut brûler sa vie, comme un contre-feu ! Il faut se dépêcher, Mary.

Mary pensait : c'est vrai. Il faut que je pense à ma carrière. Et Mary y pensa, dès lors. Luttant comme tout le monde contre le feu. Elle pensa à sa carrière, et peut-être un peu moins à Bogart.

Pour Humphrey, la chance continuait, comme la grande roue de la loterie des temps. En 1935, Hollywood l'appela de nouveau. Mais pas comme un mendiant, comme la première fois, non : comme un grand seigneur.

Les frères Warner, parmi les plus grands producteurs de ce lieu magique, et le réalisateur Archie Mayo, voulaient faire un film d'après la pièce *La Forêt Pétrifiée*. Avec Humphrey Bogart.

Bogie signa le contrat. Et partit, cette fois-ci triomphalement, pour Los Angeles. Et cette fois-ci avec Mary. Ils ne voulaient plus se quitter.

Ce fut un départ heureux. Les vapeurs des fumées des trains de la gare centrale de New York paraissaient des nuages roses. Ce trajet qu'il avait fait, la dernière fois, dans la peur, l'angoisse et la déception, il le refaisait dans la joie. Les grandes roues de la locomotive pétillaient de bonheur : L'Indiana... le Missouri... le Kansas... l'Arizona... et enfin la Californie, de l'est à l'ouest, de l'Atlantique au Pacifique, ce fut une fête de deux amoureux. Ils riaient de bêtises. Bogart, riche maintenant, commandait du champagne. On le reconnaissait. On lui demandait des autographes. Mary riait, semblait follement heureuse. Admirait avec Bogie le soleil de Californie, les grands palmiers. Et bientôt les vagues du Pacifique.

Mais Mary pensait aussi à sa carrière.

Los Angeles. Hollywood. Beverly Hills. Les studios le long de la 56e Rue. Les pâtés de maisons de Santa Monica. Les falaises, les grandes avenues bordées de palmiers, les tramways, et ce ciel bleu, et ce soleil. Et les stars, les réunions mondaines.

Ils logèrent dans un hôtel à Santa Monica. Un hôtel pour vedettes, avec des suites, des grooms partout, des femmes de chambre. Des balcons. Des fleurs. Et de grandes piscines bleues où se reflétait le ciel. C'était le paradis, bien loin de la grisaille de New York.

Et Bogart était reçu comme un roi. Réception dans les villas de Beverly Hills, ces villas de milliardaire avec des grilles et des gardes à l'entrée. Le tournage commença.

Mais Mary pensait, elle, à sa carrière. Souvent,

elle téléphonait à son agent à New York, qui finit par lui obtenir le rôle principal dans une création à Broadway. Le rôle ne lui plaisait pas beaucoup, et à Bogart non plus. Mais sa décision était prise.

Un jour, Bogie revenait du tournage. Il avait un costume blanc d'été, très propre et très beau, une pochette de soie rouge, comme un œillet. Ses cheveux noirs étaient courts et tirés en arrière. Son visage jeune et beau. A cause de son rôle, il gardait une barbe mal rasée, qui durcissait ses traits. Il embrassa très fort Mary : il piquait, elle se dégagea. La chambre d'hôtel était dans la pénombre des jalousies. Visiblement Mary avait passé la journée dans la chambre, à fumer et à téléphoner : les cendriers étaient pleins, la couverture du lit froissée, le téléphone sur le lit.

— Eh oui, je sais, je pique, mais...

— Ce n'est pas grave, dit Mary.

Sa voix était blanche. Elle ne riait pas. Bogie la sentit très distante.

— Tu sais, j'ai pris une décision, je pars.

— Où ?

— A New York, bien sûr.

— Mais pourquoi ?

— Oh ! tu le sais bien, pourquoi. Parce que je suis une comédienne de théâtre et que ma place est à Broadway, que ma place n'est pas à suivre béate d'admiration un mari célèbre sous le soleil de Californie.

— Pour cette pièce idiote...

— Idiote ou pas, c'est mon métier. Et il faut maintenant que je pense à mon métier.

— Ecoute Mary : toute ma vie j'ai rêvé de pouvoir t'entretenir. Maintenant je peux. Avant nous ne pouvions pas avoir d'enfant. On avait pas assez d'argent.

Il comprit trop tard qu'il était indélicat de sa part de remettre ce sujet sur le tapis, mais tant pis, c'était fait. Il avait si peur qu'elle parte : il ne voulait pas. Il continuait :

— Ecoute Mary, fondons un véritable foyer. Et puis cette pièce n'est pas bonne, tu n'es pas faite pour ce rôle.

En parlant comme ça d'un foyer, Bogart était en retard d'un train. C'était un langage qu'il fallait tenir à Helen autrefois, pas à Mary aujourd'hui.

— Non, je pars, c'est décidé.

— Mais...

— Il n'y a pas de mais. Un foyer, je m'en fous. Je suis une actrice, moi aussi. Il est temps que tu le comprennes. Il est temps ! Et puis je ne veux pas que tu m'entretiennes. Est-ce que j'ai la tête d'une femme entretenue ! Je ne suis pas une enfant, Bogie. Une enfant que tu peux ranger dans un coin de ta vie, que tu retrouves à la récréation, et que tu oublies pendant que tu fais le joli cœur parmi les stars.

Dans la tête de Bogie retentit la voix d'Helen :

« Tu ne seras jamais heureux en amour. » Avec
l'une il faut fonder un foyer, et il ne le veut pas,
avec l'autre il ne faut pas fonder un foyer et il le
veut. Quel malentendu ! Bogie alors comprit qu'il
était vraiment maladroit. Et là, dans cette chambre
d'hôtel chic de Los Angeles, il ne savait pas quoi
faire. Il agita ses grands bras, et renversa un vase.
Il s'énervait.

— Non, tu ne partiras pas, non je ne veux pas.
Un caprice d'enfant.

Le soir, ils allèrent manger des fruits de mer
dans un restaurant sur la plage de Santa Monica.
Mais elle ne revint pas sur sa décision. Le dîner fut
triste et tendu.

Quand ils rentrèrent à l'hôtel, Bogie se regarda
dans une glace. Il vit ses longs bras de singe, sa tête
d'abruti, de vaurien, cette gueule patibulaire qui
lui valait du succès. Il pensait : sous ce masque, il y
a quelqu'un qui ne comprend rien à rien. L'enfant
ce n'est pas Mary, c'est moi ! Je gâche tout. Ou
alors je n'ai pas de chance. Je ne tombe jamais sur
la femme qu'il me faut. C'est Helen qu'il me
faudrait, maintenant. Helen qui voulait rester
tranquille dans son coin. Tout est bien compliqué.

Quelques jours après, Mary repartit pour New
York. Bogie n'osait pas se dire que cette fois-ci,
c'était certainement la rupture. Il espérait encore.
Mary partait : de nouveau la gare de Los Angeles,
de nouveau le train, les fumées des locomotives à

charbon (plus tard, Bogie aura une sainte horreur des trains, des gares, préférant de beaucoup l'avion).

— Adieu Mary.

— Adieu ? Au revoir, tu veux dire...

— Non, adieu. Je t'aime mal, Mary. Tu as raison, je te prends pour une petite fille charmante. J'oublie que tu es une dame, une grande comédienne.

— Tu te moques de moi.

— Non, pas du tout.

Effectivement, Bogie avait l'air de se moquer d'elle. Décidément, pensait-il, je ne comprends rien aux femmes, et je n'arrive pas à me faire entendre d'elles.

— Non, je t'assure que je ne me moque pas de toi, j'ai réfléchi, et...

— Le train va partir. C'est trop tard pour les grands problèmes.

Trop tard, oui. Encore ces fumées. Et cette fois-ci, c'est Bogie qui reste sur le quai, seul. Les grandes fumées, et puis des rails vides. Effectivement, Bogart a trente-six ans : il est bien trop tard pour les grands problèmes. Trop tard. Maintenant, il est comédien.

Il ne savait plus, Bogart. Il se réfugia dans le cinéma. Cette drogue. Car tourner un film prend tout le temps, toutes les pensées. On devient une machine. Il faut être très tôt au studio, pour le

maquillage. Et puis l'attente, tandis que les éclairages se mettent au point, que les décors se montent,
que les rails des travelling s'arrangent. Et puis les
prises de vues, et de nouveau l'attente, les raccords
de maquillage, et encore des prises de vues, et la
chaleur des projecteurs. En fin de journée, l'acteur
est une larve, un somnambule, juste capable de
sourire à quelques admirateurs, quelques journalistes à la sortie des studios, juste bon à se coucher.
Pour de nouveau, le lendemain matin, se relever
très tôt, et encore, et encore. Abrutissant !

Et Bogie s'abrutit totalement. Il se jetait à corps
perdu dans son métier d'acteur. Oublier ses problèmes, oublier ses difficultés avec Mary. Oublier
sa jalousie. Oublier ses maladresses. Oublier ! Sur
le plateau, il est génial.

Souvent il téléphone à Mary. Elle répète, puis
joue avec succès sa pièce. Elle semble heureuse.
Mais distante. Oui, elle est devenue une grande
dame. Adieu, la petite fille ! Bogart sent vraiment
que Mary lui échappe. Il ne la reconnaît plus. Ne
serait-il pas jaloux, lui, d'un succès possible de sa
femme ? Il se pose la question. Mais n'y répond
pas. Mais ne répond rien. Hollywood l'accapare
tout entier. La sortie du film. La danse des
réceptions, des coups de téléphone, des interviews.
Le film est un grand succès. Bogart devient une
star...

Il vit toujours dans cet hôtel. Il y a encore

quelques affaires de Mary qui traînent. Mais dans
sa chambre, Bogie n'y est pour ainsi dire jamais ;
sauf pour s'endormir, épuisé. Oublier. Il se grise
de succès et d'agitation. C'est une vedette. Et à
Hollywood, la vie est facile, dorée, pour les
vedettes. De jeunes femmes l'entourent, qui veulent se faire remarquer de lui. Il plaisante avec
elles, les taquine, se fait charmant. Mais ne les
remarque pas. Il ne remarque rien. Il devient un
masque.

Quelques mois plus tard, il participe au dîner
annuel de la Guilde des acteurs de cinéma. A
l'Hôtel Baltimore de Los Angeles.

Une réception très guindée. Les dames en
grandes robes longues ; les cheveux ondulés ; les
hommes en smoking noir. Une très grande salle,
avec des petites tables de six personnes. Des
dorures au plafond, de grands rideaux de tulle aux
fenêtres, d'immenses gerbes de fleurs multicolores. Il y a bien six cents personnes. Les seaux de
champagne vont et viennent. Au fond de cette
salle, un drapeau américain — quelques sénateurs
doivent prononcer des discours. Des photographes
errent entre les tables, avec de gros appareils, et
des tubes qui fument quand ils prennent les photos
au flash. Ils sont à l'affût des regards, des flirts, des
potins ; ils cherchent le scoop. Il y a là Charles
Chaplin, Bette Davis, Edward G. Robinson, Mar-
garet Lindsay, Spencer Tracy... Quand Bogart

sort du taxi, devant l'hôtel Baltimore, il est accueilli par les journalistes. Il sourit, c'est vraiment une première consécration. A ce moment-là, il ne pense plus du tout à Mary.

Il est en smoking, très élégant. Il fait le tour des tables, serre des mains.

Un maître d'hôtel s'approche de lui :

— Monsieur Bogart, s'il vous plaît ?

Il le conduit à sa place, à une table, près d'une fenêtre et d'un grand bouquet de fleurs blanches. Bogart s'assoit. Mais très maladroitement, en s'installant, il marche sur le pied de sa voisine.

— Oh ! pardon.

Et soudain, il entend une voix très grave, légèrement vulgaire.

— Alors, capitaine, on a de trop grands pieds ?

Et Bogart regarde sa voisine.

C'est une petite femme un peu boulotte, très gaie, avec un visage fait non pas pour « rire », mais pour « se marrer », du style à se taper sur la cuisse ! Un visage large, avec de grosses joues, une bouche sensuelle et lourde, des dents qui mordent.

Bogart a vraiment un choc. Son dos devient moite. Elle a une robe rouge, avec un très large décolleté qui fait violemment ressortir deux seins gonflés, durs, comme des oreillers d'enfant. Et, il ne sait pas pourquoi, il a envie de les embrasser. Mais ce n'est certes pas l'endroit. Bogart se reprend, et bafouille — il se sent vraiment un petit garçon en culotte courte.

— Pourquoi m'appelez-vous « capitaine » ?

— Parce que t'as une gueule de capitaine, cette question !

Et elle part d'un grand rire, un grand rire fort et puissant, et les compagnons de table rient tout autour. Des gens se retournent à d'autres tables. S'il est un capitaine, cette femme est un ouragan.

Elle rit. Et Bogie regarde ses seins. Pas possible, se dit-il, si elle s'agite encore ils vont sortir ! A côté d'elle, il est tout timide.

Il sent quelque chose de nouveau chez lui : l'envie, l'envie brutale et immédiate de faire l'amour avec cette femme. Cette envie-là, il ne l'a jamais connue. Certainement pas avec Helen, trop douce, trop sophistiquée. Pas non plus avec Mary, trop petite fille à ses yeux, trop tendre, trop fluette. Avec Helen il avait eu envie de se faire protéger. Avec Mary il avait eu envie de trop protéger — et cela avait lentement ruiné leur amour. Avec cette femme, dont pour l'instant il ignorait le nom, il avait envie de se battre ! Et il restait là, à regarder ses seins, avec ce désir, ce désir fou et violent qui le paralysait. Il sursauta. Que diable, il se trouvait dans une soirée mondaine ! Et l'écho du rire gras de la fille s'estompait lentement dans un grand silence gêné.

Et puis, elle l'avait appelé capitaine.

Il respira très fort, et continua la conversation :

— Vous aimez la mer et les bateaux ?

— Ah ! ah ! il me demande si j'aime la mer et les bateaux ! mais je suis la mer moi-même : je suis une grande vague, est-ce que j'ai pas l'air d'une grande vague, capitaine ?

Autour de la table, on riait. On devait la connaître, savoir qu'elle était drôle et excitée ; et on riait de confiance.

Non seulement il avait envie d'elle, mais en plus elle aimait la mer. Alors Humphrey ne vit plus qu'elle.

— Vous savez que je suis réellement capitaine.

— Au long ou au petit cours ?

— Au moyen cours.

— Oh ! mais ça se veut drôle, ça, monsieur Bogart !

— Vous me connaissez ?

— Fais le modeste, mon vieux, ça te va bien !

— Je suis très gêné.

— Je te gêne ?

— Oui, parce que j'ignore votre nom.

— Pourtant, on s'est déjà croisé, capitaine. Moi aussi je suis dans le show business... On s'est rencontré à Broadway. Evidemment tu ne te souviens pas de moi.

— Non.

— Il ne se souvient pas de moi, le capitaine. Le

capitaine confond toutes les mers ! T'es un mauvais capitaine.

— Hélas ma boussole ne me dit pas votre nom.

Bogart avait beaucoup de mal à ne pas garder les yeux fixés sur son décolleté.

Elle le remarqua.

— Mais le capitaine trouve mes seins très jolis !

Il rougit, le capitaine, jusqu'aux racines des cheveux. Il cherchait dans sa tête le nom de cette femme. Effectivement son visage lui disait quelque chose, mais bien vaguement. Il ne trouvait rien !

La fille remuait encore de l'air.

— On a soif, messieurs, il faut donner de l'alcool à la mer !

Et elle repartait d'un rire lourd et violent. Bogart se demandait comment partir vite avec elle. Mais les serveurs apportaient un plat de saumon : le dîner commençait !

Les hommes tout autour devaient bien connaître cette femme, car ils lui servirent aussitôt à boire, dans plusieurs verres à la fois ; elle siffla les verres les uns après les autres, refit le coup de son rire vulgaire, sensuel, terrifiant. Puis redemanda à boire.

En plus, elle boit, pensait Bogie. J'ai envie d'elle, elle aime la mer et elle boit comme un trou.

Elle se pencha vers Bogie ; dans ses joues ses petits yeux semblaient polissons ; ses seins se gonflaient.

— J'ai envie de me battre avec vous.

— Vous battre ?

— J'adore ça. Vous pensez pas que ce serait formidable si, devant tous ces pingouins gominés, on se levait, on se boxait, se serait terriblement excitant, non ?

— Faites attention, je suis très fort, non seulement je suis capitaine, mais aussi boxeur professionnel.

— Ah ! ah ! hurla la fille de sa voix cassée par l'alcool et les cigarettes, il est très fort. Mais pas aussi fort que moi. N'est-ce pas, les mecs, qu'il est pas aussi fort que moi. Regarde mes pectoraux.

Elle montrait ses seins durs. Les autres, autour de la table, riaient. Elle amusait la galerie. Ça devait se savoir, à Hollywood, qu'à la table de cette fille, on ne s'ennuyait pas. Elle faisait recette dans son rôle de belle garce vulgaire et obscène !

Bogart était complètement renversé. C'était la première fois de sa vie qu'il rencontrait un numéro pareil. Il avait vraiment envie de la toucher, de la mordre. Elle sentait la terre, la grivoiserie, et tout un monde érotique auquel Bogie n'avait jamais pensé. Il transpirait comme un adolescent ; lui, la star nouvelle-née !

Il pensa : j'aurai cette fille ce soir, je l'aurai. C'était vraiment la première fois qu'il avait un tel sentiment brutal de possession.

On apportait des canetons sur canapé, avec des

raisins. Mais Bogie ne pouvait plus manger. Il avait envie de bouffer cette fille. Qu'importe son nom ! Il la regarda. D'un regard très étudié, d'un regard de studio, d'un regard de séducteur. Elle attrapa ce regard, elle ouvrait et fermait la bouche, y passait sa langue.

Puis repartit de son rire sonore comme un torrent sur des gros cailloux :

— Ouh, qu'il m'excite, ce capitaine, oh ! qu'il m'excite...

Et toute la tablée faisait écho à son rire. Le spectacle devenait intéressant. Les hommes lui servirent de nouveau plusieurs verres à la fois. Elle les but à la file. Ses lèvres étaient humides. Aux autres tables, tout autour, les gens parlaient très calmement, les producteurs se regardaient en chiens de faïence, les actrices leur faisaient des grâces, avec leurs fume-cigarettes et leurs étoles de renard. A la table de Bogart, les seins de cette fille devinrent le centre de la vie. Il sentait un fourmillement dans les mains, dans les genoux. Qu'importe le reste du monde !

Sur l'estrade des discours, un sénateur rougeaud se pavanait, on distribuait des récompenses. Les flashes crépitaient.

Soudain, Bogart se leva.

— Tu as envie de faire pipi ? demanda cette insupportable et étonnante bonne femme.

Mais Bogie était déjà loin. Il savait.

A l'entrée du hall, en entrant, il avait aperçu une petite statuette représentant une femme nue en bronze. Il s'en approcha. Un valet de pied stylé montait la garde. Bogie l'interpella.

— Eh, Bob, tu râlerais beaucoup si je prenais cette statuette ?

— Je m'appelle John, répondit le valet stylé, prends ce que tu veux, tu es aussi fou que les autres, prends, mais ne me demande pas la permission.

Bogie attrapa la statue. Revint dans la grande salle. Bouscula des serveurs. Il était vraiment tout seul au monde !

Il tendit la statuette à cette fille en rouge au grand décolleté :

— Madame sans nom, je vous offre l'Oscar de la fille la plus érotique de la soirée.

Les seins de la femme grossissaient encore plus, elle éclatait de son rire ! Elle se leva, sublime. Sa voix rauque franchit l'espace comme une fusée :

— Toi, mon vieux, il faut que je t'embrasse.

Elle l'embrassa tout près de la bouche. Toute la tablée applaudit. On criait comme des fous. Les messieurs et les dames très dignes des autres tables se retournaient. Et la fille planta la statue nue au milieu de la table.

Bogart ne se sentait plus.

— Nourrissons encore la mer, disait-il, il faut que mon grand bateau puisse y voguer !

C'était, pour cette époque, à Los Angeles, très grivois. Mais la grande robe rouge frissonna. Et Bogie lui servait à boire, et encore ! Et il buvait lui-même. Les rideaux blancs des fenêtres devenaient des voiles. Un moment, pour lui dire une plaisanterie tout bas, il lui mordit l'oreille. Il y eut un flash d'appareil-photo ! Les journalistes n'avaient pas les yeux dans leurs poches.

La femme mouillait ses grosses lèvres, y passait et repassait sa langue. Un moment, Bogie lui mit sa main sur les cuisses. Il y sentit une si grande douceur que sa main se mit à trembler. Elle ne bougea pas.

A la fin du repas, il lui dit :

— Il est absolument évident que je vais vous raccompagner.

— Je pense que c'est absolument évident.

— Alors, au revoir tout le monde, cria Bogart à tue-tête.

Heureusement que dans le chahut du départ, cela ne s'entendit pas trop.

— Je vous avertis gentiment que j'habite, bien sûr, au fond de la mer.

— Bien sûr, mais pour un brillant capitaine comme moi, il n'y a pas de problème.

Ils partaient en courant. Les seins de la fille tressautaient. Son rire l'accompagnait comme une traîne de reine un peu soûle.

Ils prirent un taxi.

— C'est vrai que vous êtes capitaine ? demandait-elle.

— Bien sûr. J'ai un yacht de douze mètres à Newport.

— J'aime boire et fumer sur un bateau, disaitelle. Je suis une vieille louve de mer, une très vieille louve.

— Vous n'aimez qu'y boire et fumer ?

Elle souriait. Bogart lui attrapa les deux mains. Il était sûr de lui. Il la voulait.

— J'ai envie d'embrasser vos seins.

Le taxi arrivait devant le Pacifique. C'est là qu'on lui avait dit d'aller. Le taxi s'immobilisa audessus des hautes falaises. Plus bas, les vagues, écumes dans la nuit. Le chauffeur se retourna.

Il vit un homme en smoking, les cheveux en broussaille, qui embrassait les gros seins d'une brune aux larges joues. Il y avait aussi une robe rouge un peu défaite...

— Eh dites, les perdreaux, vous n'allez pas faire des cochonneries dans ma voiture ?

Bogie se dégagea. Il avait les lèvres gonflées de désir :

— Si on lui cassait la gueule, à ce con ?

— Excellente idée, dit la fille.

Elle leva son poing. C'était un poing massif et brutal. Plus bas, les vagues se brisaient sur la falaise. Le poing s'abattit sur le crâne du chauffeur de taxi, qui oublia ses problèmes.

Bogie regardait, au-delà de l'admiration. Quelle bonne femme, se disait-il, quelle étonnante bonne femme !

— Je m'appelle Mayo Methot, cria-t-elle, et tu es l'être le plus bête et le plus crétin que j'aie jamais rencontré : un pauvre petit garçon qui joue au dur. Allez, viens, louveteau !

Plus bas, les vagues du Pacifique.

Deux jours après, à New York, Mary Bogart vit dans un journal le compte rendu de la Guilde annuelle des acteurs de cinéma, avec une photo représentant son mari en train de mordre l'oreille d'une femme aux grosses joues qui riait.

VI

Le lendemain, Bogart se réveilla comme d'un rêve délirant. Il se sentit coupable. Il avait passé la nuit avec Mayo. Jamais personne ne l'avait excité physiquement comme ça. Il pensait à Mary. Sa femme. Mais il ne regrettait rien. Il sentait qu'il ne pouvait pas se passer de Mayo. Elle l'ensorcelait véritablement.

Puis il se rappela qu'il avait dit à Mayo qu'il possédait un yacht à Newport. Il passa quelques coups de téléphone, et trouva un yacht de douze mètres de long à acheter. Il savait ce qu'il voulait.

Le week-end suivant, il alla avec Mayo sur le Pacifique.

Soudain, les rêves d'Humphrey se réalisaient. Cette envie, ce désir du corps de Mayo, toutes ces sensations neuves qu'il n'avait connues ni avec Helen, ni avec Mary, tout cela se mêlait à l'odeur de la mer. Il naviguait, enfin ! Il retrouvait le goût de la mer, il retrouvait l'impact de ses doigts sur les cordes, sur les nœuds des cordages. Il retrouvait le plaisir du maniement des voiles, et cette étrange sensation de voler quand le bateau se penche sur l'écume des vagues. Il retrouvait le mouvement de la mer qui devient celui du sang du corps. Il retrouvait tout cela en découvrant ce qu'était l'excitation constante.

Mayo était vraiment comme l'eau, comme les vagues du Pacifique.

Tous les week-ends, il retourna faire du bateau avec cette fille. L'aimait-il ? Pas comme il avait aimé Mary, pas comme on aime un ange. Il l'aimait avec passion, avec envie de hurler, de mordre.

Ils se voyaient peu pendant la semaine. Parce que Bogart tournait. Le succès de *La Forêt Pétrifiée* lui fit signer un contrat avec le producteur Jack Warner. Et les films se succédaient : *Bullets or Ballots, Two Against the World, Black legion, Marked Women,* etc. Tout marchait bien. Il était un des acteurs qui tournaient le plus à Hollywood. Les gens se retournaient sur lui dans la rue. Bogart devenait un nom.

Mayo lui fit découvrir son corps. Et cela le servit bien devant les caméras. Sa gaucherie disparut complètement. Il fut beaucoup plus à l'aise dans sa peau. Un jour elle décida de venir vivre avec lui dans la chambre d'hôtel. Quelque temps après, Mary revint...

Un dimanche soir, au retour d'un week-end de

mer et d'amour, de Pacifique et de passion, quand Humphrey et Mayo pénétrèrent dans le hall de l'hôtel, ils trouvèrent, assise dans un grand fauteuil, sous une très haute plante verte, Mary !

— Oh là là, dit Mayo, et elle s'éclipsa.

Bogie respira très fort, et sans aucune expression s'avança vers sa femme.

— Allons au bar, dit-il.

Mary le suivit. Elle avait un long manteau noir, comme si elle portait un deuil. Ses fossettes ne riaient plus. Elle regarda Bogie au fond des yeux. Il avait son visage buté des grands jours.

— Ça va ? demanda-t-elle.

— Très bien.

Ils prirent deux scotchs. Le bar était à peu près vide. Le barman sortit, discret. Il y avait beaucoup de bouteilles sur des étagères. Bogie les regardait une à une.

— Tu es heureux ?

— Oui.

— Moi aussi.

Il y eut un silence. Bogie admirait ses ongles. Il avait peur d'avoir envie de pleurer.

— Qu'est-ce qu'on fait ?

Bogie respira très fort de nouveau. Puis regarda fixement Mary.

— Ecoute-moi. Je suis quelqu'un de très fidèle. Tu le sais. Je veux dire, je suis incapable de traîtrise, je suis incapable d'avoir deux vies. Entre

Mayo et moi, il se passe des choses importantes, curieuses d'ailleurs. Je découvre quelque chose que je ne connaissais pas.

— Je ne te demande pas de détails.

— Tu sais, je regrette beaucoup, je t'aimais, je t'aime encore, tu es un oiseau merveilleux, et je pense souvent à toi, je pense souvent à la tendresse.

— Je ne te demande pas de penser à moi.

Encore un silence. Elle dit, d'une voix très fine et très douce :

— Entre Mayo et moi, il faut choisir.

— Alors c'est...

— C'est ?

Le dernier silence. Bogart savait qu'il se précipitait dans l'abîme. Mais il ne pouvait plus reculer. Il savait qu'il regretterait Mary. Et sa douceur.

— C'est ? répéta Mary, très lentement.

— C'est Mayo.

— Bien, dit Mary.

Et elle partit. Bogie resta seul au bar quelques instants.

Ce silence, après le départ de Mary...

Ce silence, avant le cyclone !

Quelques jours après son divorce d'avec Mary, Bogart épousa Mayo. C'était vraiment un homme régulier. Il n'aimait pas les aventures. Lui qui joua si souvent des « hors-la-loi », il aimait la Loi, les choses claires. Il supportait mal de faire l'amour, d'aimer Mayo Methot de manière illégitime. Il en

souffrait réellement. Profondément. Mayo, elle
aurait pu continuer à vivre ainsi. Le mariage ne
signifiait pas grand-chose pour elle. Mais elle se
trouvait si bien avec Bogie, si bien physiquement,
qu'elle accepta sans discuter cette cérémonie à
laquelle il semblait tant tenir.

Le mariage se déroula à Beverly Hills, chez
Mary et Mel Baker, qui étaient respectivement les
agents de Mayo et d'Humphrey. Ce fut un grand
mariage hollywoodien, sans aucune simplicité. La
Warner-Production voulait en profiter pour faire
de la grande publicité. Il y eut autant de journalistes que d'invités. Bogie se prêta au jeu, tout
émoustillé par cette nouvelle carrière de star de
cinéma qui commençait. Quant à Mayo, elle aimait
bien se montrer.

Bogie, comme à tout mariage, était très ému, se
préparait à y aller de sa larme. Mais, de même qu'à
son premier mariage avec Helen — ce mariage de
sourds —, de même qu'à son second avec Mary —
cette cérémonie bâclée et trop rapide —, les choses
se passèrent mal. Ah! ce n'était pas vraiment
encore le beau mariage auquel il rêvait depuis qu'il
était petit. D'abord, ce fut une cérémonie trop
publicitaire, trop mondaine ; ensuite, cela tourna
vite à la soûlerie organisée. Le juge Ben Lindsay,
qui devait les marier, était un homme strict et
imposant. Quand il fit avancer devant lui les futurs
époux, les témoins et les amis, il fut pris d'une

quinte de toux. Mel Baker s'avança vers lui avec une bouteille de whisky :

— Holà, juge, cela vous remontera !

Très gêné, mais aussi très content de boire un peu pour calmer sa toux, le juge accepta et but une gorgée au goulot. Aussitôt, la moitié des invités, qui lorgnaient la bouteille, se mirent à tousser ; et la bouteille passa de bouche en bouche. Le juge, surpris par la tournure des événements, continuait à tousser nerveusement. Et la bouteille revint vers lui. Il en profita.

Mayo riait. Son rire gras et solide résonnait dans cette grande salle. Finalement le juge lut les phrases rituelles du mariage. Mais il bredouillait complètement. La bouteille était vide. Mayo pouffait dans ses grosses joues.

Bogie pensait à son mariage avec Helen : le même fou rire. Tout cela commençait mal. Pourquoi, se demandait-il, quand je me marie, tout le monde rigole ? Mais il restait très digne. Très hautain. Sans rire. Avec une légère émotion dans l'œil.

C'était important, pour lui. Personne ne semblait le comprendre. Les amis n'y voyaient qu'une bonne occasion de se soûler la gueule, et les journalistes, qui fourmillaient avec leurs appareils-photos, qu'un bon reportage.

Puis ce fut la réception, dans le jardin des Baker. Des petites tables, des fleurs, des jets d'eau, des

pelouses avec des chaises de jardin, et des lampions
de fête qui bientôt s'allumèrent. Le champagne, le
bourbon, coulaient dans les verres, comme des
fleuves. Au fur et à mesure que les lampions
s'allumaient, tout le monde devenait fin soûl. Il y
avait là le « tout Hollywood » de l'époque. Edward
G. Robinson, Claire Tervor, Gloria Dickson, Pat
O'Brien, James Stephenson, John Huston,
Howard Hawks, Kay Francis... Bientôt Bogie
n'eut plus du tout les idées claires. Il naviguait
dans un monde tout rose. Le cyclone, le cyclone,
se disait-il. Il eut comme un goût de mort dans la
bouche. C'était l'alcool ! Il flottait dans un bruit de
vagues : le rire de casserole de Mayo, qui éclatait
en mille trompettes... Ce rire. Un cyclone !

Soudain, il y eut un grand bruit : on se précipitait, Bogie suivit ses pieds. Mais ils n'allaient pas
bien droit... Enfin, entre deux nuages roses, il
aperçut un type tout nu, qui dansait une danse de
cosaque : c'était l'acteur russe Misha Auer. Seules
ses moustaches l'habillaient. Belles moustaches, se
dit Bogie. Puis il continua sa marche. Quand il
fermait les yeux, tout tournait. Quand il les ouvrait
ça tournait aussi. Quel manège ! Je ne suis jamais
monté sur un manège, enfant... Merde, quelle
cuite ! Des gens le touchaient, des filles l'embras-
saient. Il y en avait à quatre pattes, il y en avait à
moitié à poil ! Hollywood, Hollywood, se disait
Bogie : la splendeur. Le cinéma, c'est ça. Quelle

pourriture. Je voudrais m'enterrer dans ce jardin, m'endormir. Oui, m'endormir.

Il y avait des bruits, des lumières, des bouteilles vides. Les gens partaient. La maison des Baker était sens dessus dessous. Le cyclone, le cyclone est passé par là. Enfin dans un salon, avec des meubles rococo, des pierrots de porcelaine, des guéridons charmants, il découvrit Mayo, affalée sur un divan. Le cyclone !

Ils étaient seuls, mais il y avait encore des bruits dehors, comme un bruit de ressac...

— Espèce de salaud, t'es soûl. T'es soûl pour notre nuit de noces, disait-elle.

Elle-même en était au moins à son trentième bourbon. Mais elle tenait bon. Seule sa bouche semblait vraiment moite.

— T'es aussi soûle que moi, alors ferme-la, pauvre fille... quant à notre nuit de noces, on l'a déjà eue avant, non ?

— Evidemment, il y a que ça qui t'intéresse.

— Et toi, non ?

— T'es un mollasson, un rien de rien...

— Pauvre fille !

— Pauvre mec ! quand je pense qu'on est marié, tu devrais avoir honte.

— Tais-toi, tu ne sais plus ce que tu dis.

— Ah ! moi ? je ne sais plus ce que je dis ? Et quand ce con de juge m'a demandé si je voulais t'épouser, je ne savais pas ce que je disais, non plus ?

— Moi je tiens debout, quand je suis ivre.

— Parce que je suis couchée, peut-être ? disait-elle en se relevant.

Elle poussa Bogart. Puis Bogart la poussa. Elle attrapa un vase bleu sur une commode chinoise :

— T'es même pas capable de te baisser, pauvre crétin, tu vas recevoir ça sur la tronche.

Mais Bogie parvint à se baisser et le vase brisa la porte-fenêtre, derrière lui. Furieux, il attrapa la commode chinoise ; il était si soûl qu'il arriva à la soulever, ses forces curieusement décuplées :

— Et toi, on va voir si tu peux te baisser.

Mais la commode passa par-dessus la tête de Mayo, et s'écrasa contre le mur ; des tableaux tombèrent. La pièce ressemblait à un beau champ de bataille.

— Je vais te tuer, hurlait-elle, je vais te tuer.

— Essaye, pauvre gourde.

Ils s'approchaient l'un de l'autre. Soudain le poing de Mayo rencontra la mâchoire d'Humphrey. Il sentit une brûlure, s'écroula, se releva. Son costume blanc était tout sale. Il frissonna de rage, et envoya son poing dans le ventre de sa femme. Elle se plia en deux. Et envoya son pied contre le genou de son mari.

Alertés par le bruit, Mel et Mary Baker se précipitaient pour séparer ce ménage uni.

Mayo se débattait, Humphrey aussi. Ils écumaient tous les deux.

— Je ne veux plus le voir, plus le voir, hurlait Mayo.

— Grosse vache, grosse vache, répétait Bogie.

Mel Baker entraîna Bogie dans une autre pièce. Maintenant il pleurait, Bogart :

— Qu'est-ce qui se passe, mais qu'est-ce qui se passe ?

— Rien, vous vous aimez, c'est tout.

Mel Baker était un homme très calme, très à l'aise, habitué aux choses, dans son smoking blanc impeccable.

Bogie s'étendit sur un divan. Il avait sommeil. Quelle heure était-il ? Tard. Trop tard. Bogart murmurait... il était trop fatigué pour comprendre et même entendre ce qu'il disait :

— J'ai peur. Cette bagarre m'a donné envie d'elle. J'ai peur. J'ai toujours envie d'elle. Surtout quand on se dispute. Je ne comprends pas. Je suis fatigué. Tu crois que je dois aller la trouver ? Je ne sais plus...

— Reste avec moi, Bogie.

Mel Baker se servit un verre de champagne :

— Bois un coup, Bogie.

Bogart but.

— Maintenant, dors, Bogie.

Comme un enfant, Bogart s'endormit près de Mel Baker, qui, imperturbable, le veillait. Se servant de temps en temps un verre de champagne. Il pensait au futur ménage. Il se demandait où était sa femme à lui. Elle dormait avec Mayo.

Telle fut la nuit de noces de Bogie et de Mayo. Prélude à leur vie commune. La passion. Fatigante !

Ils se retrouvèrent le lendemain. L'un et l'autre, ils avaient envie d'amour.

Ils achetèrent une maison sur Horn Avenue, de l'autre côté de Sunset Boulevard, une grande maison avec un jardin, une piscine. Dans le jardin, il y avait des pétunias et des pois de senteur. Dans la maison, il y avait vingt et un pinsons, cinq canaris, quatre chiens, quatre chats. Bien sûr des maquettes de voiliers. Des tas de bibelots, un bric-à-brac d'objets divers, des raquettes de tennis, des têtes de sangliers empaillées, des cannes de golf, des fusils de chasse, des arcs et des flèches. Et bien sûr, aussi, quelques fauteuils et canapés.

Bogart tournait, jouait, sans prendre aucunes vacances. Sept films en 1939 (*King of the Underworld, The Oklahoma Kid, Dark Victory, You can't get away with Murder, The Roaring Twenties, The return of Doctor X, Invisible stripes*), quatre films en 1940 (*Virginia City, It all came true, Brother Orchid, They drive by night*). Sa vie, c'étaient les studios, les maquillages, le jeu, les projecteurs, les caméras, les scènes à interpréter, les textes à apprendre. Et ce petit monde hollywoo-

dien, surtout ses amis, Peter Lorre et Spencer
Tracy. Sa vie, c'était se lever tôt le matin, aller au
studio, et puis jouer, jouer, jusqu'à la fatigue du
soir. Sa vie, c'étaient les tournées, les tournages en
extérieurs (rares à l'époque), l'atmosphère de
l'équipe. Sa vie, c'étaient les rapports de fiction
qu'il avait avec les interprètes féminines qui
jouaient avec lui ; la tendresse, l'amour qu'il y
mettait.

Et puis, il y avait Mayo. Mayo et sa maison de
fous.

Bogart devenant de plus en plus célèbre, son
couple devenait célèbre. On ne parlait que d'eux à
Hollywood. Et cette publicité gratuite ne déplaisait
pas à Bogart. Eternel problème, dont Bogie décidément ne sortait avec aucune de ses femmes succes-
sives : Mayo avait renoncé à sa carrière. Mais elle
était très jalouse du succès du dénommé Humphrey Bogart !

On appelait leur couple : « The Battling
Bogarts » ; ce qu'on pourrait traduire par « Bogart
bagarre ». La presse était très friande de ces scènes
de ménage quotidiennes. Presque chaque jour,
dans les journaux d'Hollywood, il y avait un écho
sur l'état physique de la maison, et sur l'état moral
de ses occupants.

Presque chaque soir, quand il rentrait des studios, il apercevait un journaliste devant leur maison. Il les connaissait tous et s'en amusait :

— Salut écrivaillon. Quel est le climat, aujour-d'hui ?

— Calme. Etrangement calme. J'espère que vous allez bientôt réveiller ça ! Qu'on ait des choses à écrire !

— Compte sur moi, mon vieux. Ça va chauffer, bientôt.

— Bon courage, monsieur Bogart.

— Salut. Et tends tes oreilles mon vieux !

Oui, c'était vraiment un jeu.

En souriant, Bogie pénétrait dans la maison. Mayo l'attendait. Prête. Elle ne fichait rien de la journée, et finalement s'ennuyait. Elle attendait impatiemment le soir pour donner de l'animation à sa triste existence de femme d'homme célèbre.

Bogart ce jour-là était vêtu d'un grand manteau gris. Il souffla et enleva son manteau.

— Ouf, il fait chaud, aujourd'hui.

C'était vraiment une phrase anodine. Pourtant Bogie savait bien qu'elle déclencherait un drame.

Dans le living, parmi tous les objets hétéroclites, sur les coussins des canapés, se trouvaient là des amis du couple : Bette Davis, Peter Lorre, Pris-cilla Lane... Mayo respira un grand coup. Elle portait un petit tailleur gris ; et ses larges joues souriaient. Elle prit les amis à témoin :

— Quelle bonne nouvelle, vous pensez : il fait chaud aujourd'hui !

— Oui sans doute fait-il froid, sans doute as-tu froid à ne rien faire ?

C'était bien parti. Les amis allaient se régaler. Certains, mal à l'aise, ou pas trop habitués, voulaient partir, sentant qu'ils s'introduisaient dans une intimité. Mais Mayo aimait bien les spectateurs.

— Attendez, attendez, le plus grand acteur du monde vous donne une information sensationnelle, un grand « scoop » inédit : « il fait chaud aujourd'hui ».

— Tu n'es pas trop bonne, aujourd'hui. Tu ne sais pas comment commencer la bagarre quotidienne.

— Ah ! je ne suis pas douée ?

— Non.

— Eh bien on va voir. On sort ce soir ?

— Si tu veux.

— Oui, bien sûr ! toujours si je veux ! Tu veux toujours me faire plaisir, mais tu ne prends aucune décision, toi.

— Ecoute, je ne suis pas comme toi, je suis fatigué, je travaille, moi.

— Prends une décision : on sort, ou on ne sort pas ?

— On ne sort pas.

— Dis-moi : pourquoi quand tu prends une décision, c'est toujours idiot.

— Si tu avais envie de sortir, il fallait dire qu'on sortait, au lieu de me demander mon avis.

— Je te demande ton avis pour te donner une occasion de me faire plaisir.

— Alors, si tu veux, on sort.

— D'accord.

— Oui, mais moi, je ne suis pas d'accord. On sort, mais c'est malgré moi. On sort, mais tu m'obliges à sortir. Vous êtes témoins.

— Ils sont témoins de rien du tout.

— Ils sont témoins que tu m'obliges à sortir.

— Je ne t'oblige à rien du tout. D'ailleurs, puisque c'est comme ça, on ne sort pas.

— Très bien, j'en suis ravi. Donc tu as pris la décision qu'on ne sortait pas.

— Pauvre type, je n'ai rien décidé du tout ! C'est toi, encore qui t'arranges pour que finalement je prenne les décisions. Tu es lâche, vraiment un pauvre type sans aucun caractère.

— Ah ! tu penses que je n'ai pas de caractère.

— T'es même pas capable de me foutre une baffe quand je suis de mauvaise foi.

— Ah ! je n'en suis pas capable. C'est étrange.

Bogie regardait la paume de sa main ouverte.

— Tu crois ça, toi, que tu en es pas capable, ma chère paume...

On arrivait au deuxième stade des bagarres quotidiennes : quand les objets valsaient. Les amis, à ce moment-là, partaient.

Enfin seuls, les Bogart purent se livrer à leur sport favori. Bogie gifla Mayo. Elle attrapa un cendrier et le jeta à la tête d'Humphrey.

A ce moment-là le téléphone sonna. Bogie répondit. C'était son agent Mel Baker :

— Salut, mon vieux, comment va ?... Moi pas mal... Attends une seconde... Mayo vient de m'envoyer un verre de whisky à travers la gueule !... une seconde, je lui envoie un livre... voilà c'est fait... alors quoi de neuf ? Merde, il y a un pot de fleurs qui valse... Une minute...

A l'autre bout du fil, Mel, très attentif, entendait des bruits de claques, des bris de verre, des chocs de meubles, des avalanches de choses bizarres.

Puis au bout d'un certain temps, Bogie reprit la conversation téléphonique :

— Alors, où on en était ?

Mais la bagarre continuait ; et Mel devait raccrocher.

Et le couple des Bogart se retrouvait dans un grand désordre. Essoufflé. Partout, tout autour, des objets cassés. Alors le désir les prenait. Alors, soudain, Bogie avait envie de la peau de Mayo — et ils riaient, tous deux. Il se précipitait sur elle, dans le plus grand bonheur, en pleine exaltation, en pleine passion. Comme si toute cette violence verbale et physique n'avait servi qu'à ça. Qu'à se préparer à la violence de l'amour. Et Mayo devenait toute en eau, toute en mer. Ses lèvres s'ou-

vraient, se refermaient, ses larges joues vibraient.
Et Bogie l'embrassait partout, dans ce grand
désordre. Il l'embrassait sur le cou, entre les seins ;
et elle le caressait partout, dans le délire, ses
cheveux voguaient sur les mers, les grands fleuves
passaient.

Et après ils buvaient. Et après ils criaient. Et ils
refaisaient l'amour. Et ils s'endormaient. En grand
désordre.

La passion. Comme des vagues.

Ils buvaient. Déjà avant de la connaître, Bogie
buvait pas mal. Mais ce n'était rien par rapport à ce
qu'il put boire, pendant sept ans, avec Mayo.

Pendant sept ans. La passion. Pendant sept ans,
ces hurlements, ces coups. Mayo était beaucoup
plus forte que Bogie : elle le battait. Souvent il
arrivait au studio avec des bleus. Le cyclone ! Dans
le tourbillon de ce cyclone, Bogie se lança avec
passion et folie. Oui, tourbillon. Les vagues du
Pacifique ! Son enfance dans les rues de New
York !

Souvent, les week-ends, ils allaient à Newport,
sur le yacht de Bogie. L'air du Pacifique les
soûlait. La bière et le vin les soûlaient. Les vagues
les roulaient. Et souvent le bateau manquait de
chavirer. Ils faisaient l'amour dans la colère des
vagues. Violents.

Le cyclone. Pas une seule soirée, pas une seule
réception où ils ne se bagarrèrent. Et Mayo jetait

son verre à la tête de Bogie. Pour le provoquer. Il la
cognait. Lui donnait des fessées devant tout le
monde. Il était pris. Pris au piège de ce cyclone.

Et ils buvaient.

Et les mois passaient avec vertige. Ils se disputaient partout. Mais ça finissait toujours par une
grande passion, par la bouche de Bogie qui mordait
la bouche de Mayo.

Mayo était jalouse. Elle tenait à son jouet. Elle
avait si peur que d'autres femmes le lui prennent,
son jouet...

Quelquefois, pour se reposer, il allait se détendre dans un sauna sur Sunset Boulevard. Elle était
persuadée qu'il y rencontrait des filles. Un jour elle
but encore plus que de coutume. Elle prit un
couteau. Elle marchait, folle, dans les rues. Elle
entra dans ce sauna, le long des faïences bleues.
Elle voulait tuer Bogart. Elle se précipita dans la
pièce, où, nu, il se reposait. Les fumées. Elle
frappa ; Bogie hurla. Elle le taillada de coups de
couteau. Les grandes vapeurs. Elle comprit qu'il
était seul. Elle se précipita sur lui, criante, léchant
du bout de la langue les gouttes de sang rouge au
milieu des vapeurs, cyclone, cyclone !

— Oh ! je t'aime, je t'aime...

VII

Au milieu de ce cyclone, de cette folie, de cette
soûlerie de mots, d'actes, Bogart devenait un des
plus grands acteurs de son temps, et se forgeait un
style froid, rigoureux, solide, puritain, que ses
extravagances avec Mayo permettaient par rejet,
par antithèse. Autant avec Mayo il était un enfant
aveuglé de passions, d'effusions qui le dépassaient,
autant, dans ses films, dans les personnages qu'il
incarnait régulièrement, il était sûr de lui, solide,
froid, et pas passionné pour deux sous. Seule la
passion souterraine qui l'habitait pouvait permettre ce visage dépossédé, cynique, puissant et
maîtrisé qui fit sa gloire.

En 1941, Humphrey Bogart tournait *Le Faucon
Maltais,* un film de John Huston, d'après le roman
de Dashiell Hammet. Il y jouait le rôle d'un
détective privé, Sam Spade. Là, il trouva enfin son
véritable personnage. Ce film devint un des grands
classiques du cinéma. Succès considérable dès sa

sortie : Bogart était désormais non seulement une vedette hollywoodienne, mais une vedette internationale.

Avec Mayo, il revint à New York, pour la présentation du film. Tard dans la nuit, après un tas de cérémonies et de dîners officiels, enfin seuls, Bogie voulut montrer à Mayo le *Dizzy club,* dont il lui avait beaucoup parlé.

Jim, le garçon du bar, frappa sur l'épaule de Bogie :

— Hello, la vedette, content, oui vraiment content de te voir !

Mais Mayo commençait à faire la gueule. Cela l'énervait beaucoup que tout le monde félicite son mari, qu'il soit ainsi tant fêté ; et ce soir, elle avait eu sa dose.

Soudain, du fond du bar, des lumières vertes, jaillit un cri :

— Mais c'est mon vieux Bogie, c'est l'homme du jour, le plus grand crétin d'acteur de tous les Etats-Unis.

Bogart cligna de l'œil. De la pénombre, il vit apparaître un visage tuméfié, un nez épaté, camus, des sourcils épais : l'homme qui lui avait cassé la figure, il y a quelques années, sur la 52e Avenue !

Bogart était très content de le revoir. Ils se donnèrent l'accolade.

— Tu sais, mon vieux, disait l'autre : tu avais,

ce jour-là, très mal choisi ton client. Je suis un boxeur professionnel : Hugh Thomas.

— Un boxeur, tu étais un boxeur ! Sais-tu que c'est grâce à toi que je suis devenu un grand acteur. C'est le coup de poing que tu m'as donné sur la gueule qui m'a réveillé les idées. On boit un verre ?

— OK papa. Moi, pour un verre, je suis toujours partant.

On s'assit à une table. Les lumières vertes faisaient toujours une ambiance d'aquarium.

Bogie commanda trois gins. Mayo ne disait rien. Bogie pensait que cela ne présageait rien de bon. Et il avait raison. Mais il était content de revoir celui qui l'avait « sonné ».

Soudain Mayo, de sa voix lourde d'alcool, murmura, cracha :

— J'ai horreur des boxeurs.

Le malabar, l'air buté, ouvrit un œil vers Bogart :

— Qui c'est cette nana ?

— C'est ma femme.

— Et qu'est-ce qu'elle dit ?

— Je dis que j'ai horreur des boxeurs.

Quand Mayo commençait, ce n'était plus la peine de l'arrêter. Bogie jeta un coup d'œil vers Jim, le barman. Celui-ci le regardait avec l'air de penser : « Mon vieux, tu ne mises jamais sur le bon numéro. » Et Mayo continuait. Elle parlait à mi-voix.

— Dis-lui de se barrer.

— A qui ?

— A ton boxeur.

— Mais, Mayo, c'est un ami, un vieux copain, on s'est cassé la figure ensemble, dans le temps. Je ne peux pas...

— Dis-lui de se barrer, ou moi je pars.

Et pour bien se faire comprendre, elle leva son verre et le projeta avec violence par terre. Ça fit un bruit pire qu'un grand silence.

Le boxeur, Hugh Thomas, était à moitié levé. Ses très gros poings se serraient. Bogart se demanda si, dans une bagarre physique, Mayo arriverait à lui tenir tête. Mais elle semblait décidée.

— Mais qu'est-ce qu'elle a ta bonne femme ?

— Laisse, Hugh, laisse...

— Non, il ne laisse rien. Ou c'est moi qui pars ou c'est lui et sa gueule de brute qui se cassent.

— Eh bien tu peux partir, Mayo. File. Ça me fait plaisir de voir mon copain le boxeur.

— Je file ?

— Oui.

— Bon. Tu l'auras voulu.

Elle se leva et partit.

Bogie se sentit soudain très seul. Il avait peur. Mais il ne voulait pas paraître un pleutre devant son copain le boxeur. Et celui-ci disait :

— Elle est malade, ta nana, papa, elle est folle à lier ; il faut changer de nana, papa !

Jim, le barman, souriait. Bogie pensait à Helen... Elle disait, en robe blanche, elle disait, ce fantôme d'un très vieux temps : « Tu ne seras jamais heureux en amour, jamais heureux. » Mais Bogie avait mal. Sans Mayo, il se sentait soudain seul, si seul. Où était-elle passée, Mayo, où ? Pourvu qu'il la retrouve. Mais devant son copain le boxeur, il joua au dur. Ça lui venait très naturellement de jouer au dur. Au dur, comme Sam Spade. Il crâna. Et fut content de crâner :

— Restons entre hommes, mon vieux Hugh !

Ils commandèrent beaucoup de gin. Et Bogie commença à sentir le sol devenir vague, le club un grand bateau. Mais il pensait à Mayo. Et il disait tout à son boxeur :

— Tu sais cette fille, je l'aime. Je n'arrête pas de me disputer, de me bagarrer avec elle, mais je l'aime avec violence. Si elle n'était plus là, je me tuerais. Je suis un enfant avec elle. Je suis un gamin. On se cogne, elle me cogne, j'ai l'impression de voguer dans un cyclone avec elle, c'est merveilleux. Et j'aime son corps. Rien qu'à y penser j'ai envie de pleurer. Oh mon vieux boxeur, où est-elle, où ?

— Laisse filer, papa. T'es un grand acteur, tu sais. Si t'as envie d'être cogné, je peux te cogner, moi.

— Oui, je sais, je sais.

Et de gin en gin, ils finirent par être fin soûls tous les deux. Vers deux heures du matin, ils se retrouvèrent dans la rue, comme deux pochards qu'ils étaient. Ils ne savaient plus où aller. Bogie n'y voyait plus très clair. Le monde lui filait entre les doigts. Mais il était content, il était un des plus grands acteurs de son temps. Mais il était aussi très malheureux : où était Mayo ?

Soudain, il se rappela que par là habitait son ancien attaché de presse du temps de New York, Geoffrey Homes. Il trouva, on ne sait comment, l'immeuble, et sonna à l'appartement d'Homes.

Et ce pauvre Homes, en robe de chambre, réveillé en sursaut, vit apparaître chez lui, à trois heures du matin, deux ivrognes, un boxeur paumé, et Humphrey Bogart...

Le boxeur exténué se posa dans un fauteuil, s'endormit, rêva à de grandes victoires. Mais Bogie, excité, raconta de nouveau son histoire à Homes : qu'il aimait Mayo, qu'elle lui faisait subir une vie pas possible, mais qu'il l'aimait physiquement, et il insistait tout le temps sur ce terme, comme pour se justifier : « physiquement » ! Il expliqua à Homes, qui bâillait comme un malheureux, qu'il vivait avec elle un enfer, mais qu'il aimait cet enfer-là, que cet avilissant enfer lui était nécessaire pour être le grand acteur qu'il devenait. Mais il avait peur que Mayo fasse des bêtises.

Qu'elle le trompe. Et ça il ne le supporterait pas, non.

Homes, pour se mettre les idées au clair, attrapa une bouteille de bourbon et voulut en prendre un verre. Mais Bogie lui prit la bouteille des mains et la but presque en entier.

Et il sautait sur place, le plus grand acteur d'Amérique. Il fallait trouver Mayo.

— Tu comprends, je ne pourrai m'en débarrasser que si je la tue...

— Non, non, Bogie, dis pas de bêtise.

— Oh ! si tu savais comme j'ai envie de la tuer, aujourd'hui, ce soir, ce matin.

— Non, non, Bogie !

Alors Bogart promit de ne pas la tuer si Homes venait avec lui la chercher. Homes, qui comprenait maintenant que de toute manière sa nuit était foutue, partit avec Bogart, laissant là le fameux boxeur qui, au-delà de toutes ces histoires, dormait comme un enfant.

Ils parcoururent New York, de nuit. Bogart marchait, marchait, le visage fermé, passionné. Il marchait, et Homes s'essoufflait derrière lui. Bogart marchait, et presque à chaque pas, il disait :

— Je veux la retrouver, je le veux.

Ils firent tous les bars de Broadway. Finalement Homes eut une idée de génie qu'il aurait dû avoir bien longtemps avant :

— Et si elle était tout simplement en train de t'attendre à ton hôtel ?

Et ils prirent un taxi, pour aller à l'hôtel ; un des plus grands hôtels de New York. Ils montèrent des escaliers, de grands escaliers. Frappèrent à la porte de la chambre de Mayo et d'Humphrey. Rien. Silence.

— Attention, elle peut tirer derrière la porte, elle a un revolver, dit Bogie.

— Elle est vraiment effrayante !

— C'est la femme la plus terrible qu'il peut y avoir au monde. Mais, Geoffrey, elle s'est peut-être tuée ! Vite, il faut enfoncer la porte.

Homes hésita un peu, puis finalement enfonça la porte avec Bogart : ils trouvèrent la chambre complètement saccagée, tous les meubles renversés, les affaires de Bogie déchiquetées, les objets cassés, les vitres brisées. Ils sortirent de l'hôtel.

Bogie s'affolait. Il savait Mayo capable de n'importe quoi. Capable de réveiller tout New York pour passer sa colère. Il avait peur d'elle. Il avait peur de la perdre. Elle le passionnait, le terrifiait.

Ils allèrent encore dans les rues. Homes en avait assez :

— Allez, rentre te coucher.

— Non, non, je veux Mayo. Je la veux.

Soudain surgit dans la nuit, à un croisement, devant les plus hauts buildings, une étonnante apparition. Une de ces apparitions comme on peut en rencontrer à quatre heures du matin, à mi-chemin entre la veille et le sommeil : un aveugle avec un gros chien empaillé.

Bogart s'approcha de lui :

— Pourquoi ton chien est-il empaillé ?

C'était un vieil aveugle. A mi-chemin entre la mort et la vie.

— Il est mort.

— J'aime beaucoup ce chien.

— C'est mon chien.

— Il y a une femme que j'aime et qui aimerait beaucoup ce chien.

— C'est mon chien.

— Je te l'achète.

— Jamais tu ne me l'achèteras assez cher, l'ami, dit l'aveugle.

— Je te l'achète mille dollars.

L'aveugle eut un instant de silence.

— Je croyais que jamais tu ne me l'achèterais assez cher, mais il est à toi, ce chien. C'était un ami.

Et voilà Bogart courant dans les rues de New York avec un chien empaillé, un énorme chien ! Homes le suit. Il croit rêver.

Ils retournent à l'hôtel. On arrête Bogart, car on n'accepte pas les chiens dans cet hôtel. Il fait valoir le fait que cet animal est empaillé. Et il parcourt tout l'hôtel avec le chien, criant :

— Mayo, Mayo, j'ai un cadeau pour toi, reviens, je t'en supplie, je t'en supplie !

Finalement Homes l'arrête. Lui ordonne de prendre une autre chambre. Bogart est fatigué, trop soûl. Il loue une autre chambre, très chère. Et s'endort, même pas dans le lit, sur le tapis.

— Mayo, Mayo ! appelle-t-il encore.

Le chien empaillé resta dans le couloir de l'hôtel, comme gardien des nuits, des rêves, des douleurs et des passions.

Le lendemain, Mayo et Humphrey se retrouvèrent. Elle logeait dans une autre chambre à l'hôtel. Furieuse contre Bogie, elle avait saccagé leur chambre. Et puis, trop triste, elle avait loué une autre chambre. Finalement, pour cette nuit de folie, ils durent payer trois chambres, plus les pots cassés. Ils affichèrent plus tard la note dans leur maison de Horn Avenue, à Los Angeles.

Oui, le lendemain, Humphrey et Mayo se retrouvèrent. Ils riaient, fous, heureux. Et Bogie embrassa le ventre de sa femme, la serra très fort dans ses bras.

Ils rentrèrent à Hollywood et la vie continua, ce cyclone !

Et Bogart continuait à tourner, sans cesse réclamé par les productions Warner : *All through the night, The Big Shot, Across the Pacific, Casa-blanca, Sahara, Passage to Marseille...*

Il était comme les falaises devant le Pacifique :

droit. Mais il semblait ne tenir debout que grâce
aux vagues de cet océan : Mayo.

Les scènes continuaient, de plus en plus dures,
violentes. Pas un jour sans drame, sans bagarre.
Pas un jour sans cet amour fou, désespéré. Mayo
buvait de plus en plus, se déchaînait de plus en
plus, toutes griffes dehors. Et, au bout de chaque
conflit, Bogie avait envie d'elle. Mais peu à peu,
cela devint comme un enfer. Un enfer sur lequel il
bâtissait son paradis, tourner, jouer, interpréter
des personnages. Son image publique était vraiment celle d'un dur. Il disait souvent la vérité sur
Hollywood, dans des interviews : les magouilles,
les puissances d'argent, les inégalités, les injusti-
ces. Et ses rôles le représentaient toujours comme
un personnage très pur, très franc. Telle était son
image. Mais derrière cela, il y avait sa vie intime,
cette passion sauvage avec Mayo. Il n'arrivait pas à
s'en débarrasser. Et puis Mayo l'excitait tant ! Non
il n'envisageait même pas de se débarrasser d'elle.
Car il aimait ce climat de fête. Oh ! bien sûr, ce
n'étaient pas des fêtes riantes, coquines, des fêtes
de petites filles comme avec Mary ; c'était des fêtes
tragiques, des fêtes qui lui faisaient mal. Des fêtes
qui le minaient, qui le terrorisaient, mais qui
l'envoûtaient. Oui, il l'avait dans la peau, cette
femme étrange, hurlante, qu'il appelait son
démon. Mais leurs étreintes étaient aussi furieuses
que leur haine.

Il faut dire que cela prenait de plus en plus des aspects déments. Ils se poursuivaient avec des couteaux. Il lui résistait. Maintenant, c'était lui qui commençait les scènes, pour le plaisir. Il s'enfermait dans une pièce, en interdisait à Mayo l'entrée. Et Mayo allait chercher une hache. Et cassait la porte. Elle y mettait toute sa haine, toute sa frénésie !

Or, en Europe, les armées allemandes frappaient le grand malheur.

Et Mayo donnait des coups de hache, la porte volait en éclats...

Or, en Europe, les bombes hurlaient leurs cris de mort.

La porte volait, des bouts de bois s'éparpillaient. Et Bogart se défoulait, il hurlait, cognait cette sauvageonne de Mayo. Comme s'il avait besoin de cela.

La guerre. Le feu.

Et souvent, Bogie se dégoûtait.

Comme si, pour suivre pas à pas la prophétie d'Helen, il avait épousé le plus monstrueux des êtres vivants, et qui lui faisait mal. Mais qui lui donnait du plaisir.

Somnambule, il vivait sa vie. Mais vraiment, sans trop le savoir lui-même, il en avait assez. Cette folie, ce cyclone ! Il rêva quelquefois d'un tendre amour... Comme avec Mary. Mais pas avec quel-

qu'un qu'il prendrait pour une petite fille, comme
Mary.

Et ça continuait. Mayo buvait. Les assiettes
valsaient. Et puis ils faisaient l'amour.

Mayo était une lionne.

Et Bogie un chacal.

Il se réfugiait dans la pureté du cinéma.

Il aima, pendant le tournage de *Casablanca,* les
yeux très nets et la douceur d'Ingrid Bergman. Elle
avait un chapeau d'homme, comme lui, d'où
sortaient en douce cascade ses cheveux ondulés. Il
aimait la tendresse de son front contre sa joue. Il
souhaitait quelque chose d'autre. Mais il savait que
s'il quittait Mayo, les vagues de passion souterrai-
nes qui le hantaient, comme les rugissements des
tempêtes de ses rêves de capitaine, lui manque-
raient.

Mayo fut très jalouse de ce tournage avec Ingrid
Bergman ; elle soupçonnait Bogie de rêver d'elle.
Ce qui était un peu vrai. Elle débarqua un jour sur
le plateau pendant une scène d'amour, comme par
hasard, et fit scandale. Au fond Bogie en fut
bêtement fier. Il était heureux que Mayo tienne
autant à lui. Il était content de cette réputation
qu'elle lui faisait de dompteur de lionne. Ils en
riaient, souvent très complices :

— Personne comme toi ne pourrait prendre en
main une sale bête comme moi.

— Tu crois que tu es une sale bête ?

— Tu ne crois pas ?

— Non. Tu es pire.

— Et tu m'aimes quand même ?

— Je t'aime sans doute pour cela.

Et cela faisait sa publicité. Le couple Bogart. Les bagarres des Bogart.

Il se rêvait présenté dans un zoo :

— Venez voir, mesdames et messieurs, le seul être humain capable de maîtriser et d'aimer le monstre le plus abominable que la nature humaine ait engendré, un monstre de femme nommé Mayo ; venez tous voir ce surhomme, qui non seulement la supporte, non seulement lui résiste, mais en plus l'aime, aime lui résister, et aime la supporter : Humphrey Bogart.

Il racontait ses rêves à sa femme. Ils en riaient.

Mais Bogie commençait à avoir peur. Peur de Mayo. Peur de lui avec Mayo. Un jour elle me tuera. Alors il pensait à la tendresse de Mary.

Et devant la cage du zoo où le surhomme Bogart était présenté aux foules, dans ses rêves, Helen arrivait et levait son doigt vers lui, un très long doigt : « Heureux acteur, pas heureux en amour... Si tu veux rester Bogart, tu supporteras toute ta vie la fatalité de Mayo, la fatalité de Mayo. C'est elle qui te dompte, pauvre pantin, pantin... »

Bogie se réveillait en sueur. Mayo dormait, lourde d'alcool et épanouie d'étreintes délirantes.

Toute sa vie, la fatalité de Mayo !

En Europe, c'était l'horreur. Les bombes. Les barbelés. La nuit et les brouillards. On exterminait un peuple. Les fusillés perdaient leur sang par la bouche.

Un jour de 1944, le réalisateur Howard Hawks convoqua Bogart dans les bureaux de la Warner.

Howard Hawks était maigre et sec. Il ressemblait un peu à Bogart.

— Je veux faire un film avec vous, Humphrey. D'après une nouvelle d'Ernest Hemingway. Ça s'appellera quelque chose comme *Le Port de l'Angoisse*. Ça se passe à la Martinique et vous serez le propriétaire d'un yacht. C'est l'écrivain William Faulkner qui adapte pour moi cette histoire. Et puis il y a une femme bien sûr. Je pense à une toute jeune actrice. Une débutante. Elle est très bien. Enfin je crois. Très pure, vous voyez ce que je veux dire. J'ai fait des essais avec elle. Elle est venue avec sa maman. Elle est toute jeune. C'est une enfant. Vous êtes d'accord ?

— Comment s'appelle-t-elle ?

— Lauren Bacall.

VIII

Aujourd'hui, Bogart tournait pour la première
fois avec Lauren Bacall. Il se leva, comme d'habitude les jours de travail, à cinq heures quinze du
matin. Il prit un solide petit déjeuner, avec des
œufs. Puis se rendit aux studios, vers les six
heures. Maquillage, relecture du script et des
dialogues.

Il demandait aux maquilleurs :

— Comment elle est, la Bacall ?

— La débutante ? Très belle ! Elle est là depuis
deux heures au moins. Elle est bonne pour la
camisole de force !

— Ah ! ah ! riait Bogie, qui pensait à ses débuts.

Lauren Bacall tournait et virait dans les studios.
Mais Bogart ne la rencontra que sur le plateau. Ils
allaient interpréter une scène très simple. Elle
devait demander du feu à Bogart, et celui-ci lui
lançait une petite boîte d'allumettes. On répéta.
Lauren tremblait comme une feuille, la voix

nouée. Bogie fut très gentil avec elle, plaisanta un
peu pour détendre l'atmosphère, mais ne fit pas
terriblement attention à son visage, à son allure, en
un mot : à elle ! Après plusieurs répétitions,
Hawks ordonna la première prise.

— Moteur.

Mais Lauren tremblait toujours. Son cœur battait si fort ! Elle se disait : le moindre de mes gestes
s'inscrit pour la postérité, c'est effrayant.

Elle n'arrivait pas à maintenir son visage en
place. Et soudain pour qu'on ne voie pas ses
tremblements, elle posa son menton sur son
épaule, regarda Bogie par-dessous ses paupières, et
inventa le regard qui la rendit célèbre.

Et Bogart reçut un choc. Il s'immobilisa complètement. D'entre les longs cils de cette fille, apparut
soudain un velours noir, comme une patte de chat.
Bogie en resta suffoqué. Il se reprit et continua à
jouer. Mais pendant un quart de seconde, il n'avait
pas joué.

— Coupez, cria Hawks.

Il félicita Lauren pour ce truc du « regard » !
Bogie faisait quelques pas dans le studio, allumait
une cigarette.

A midi, comme d'habitude, il mangea seul, au
Lakeside Country Club. Il prit, comme d'habitude,
deux bières, deux œufs mollets, du bacon frit, du
pain grillé et du café noir.

Mais il ne fit pas du tout attention à ce qu'il

mangeait. Il revoyait tout le temps le regard de cette Lauren Bacall.

L'après-midi, sur le plateau, il l'examina tout entière lentement, très lentement : c'était une grande blonde mince, au visage dur de biche abandonnée mais qui décide soudain de vivre sa vie. Sans cesse, il regardait ses yeux. Ses yeux de velours. Il faut dire qu'elle en jouait, la petite Lauren, si inquiète. Ce matin, elle avait trouvé le truc « du regard », on l'avait félicitée et maintenant elle en abusait.

A un moment de pause, il lui dit :

— Vos yeux ne vous dérangent pas trop ?

— Moi ? non.

— Eh bien moi, oui.

Elle rougit. Ce Bogart avait bien du charme. Elle se mit à bien l'aimer. Comme un bon copain. Mais son problème était surtout de bien jouer, d'être prise au sérieux par le milieu du cinéma, par les autres acteurs. Bogart l'aida beaucoup à cette tâche ; il la conseilla, lui donna confiance en elle, l'encouragea. Et elle fut admise, prise au sérieux. Dès la fin de la première semaine de tournage, on parlait d'elle comme d'une vraie actrice et pas simplement comme d'une débutante.

Souvent, Bogie venait la trouver dans sa loge :

— Salut, petite !

Il était un peu paternel. Ils avaient vingt-quatre ans de différence.

— Bonjour monsieur.

Elle avait toujours un ton de bonne élève bien appliquée. Elle écoutait les conseils du monsieur.

— Il faut que tu sois très insolente dans ce milieu.

— Insolente, pourquoi ?

— Parce que c'est le milieu le plus insolent qui puisse exister. Et à l'insolence, il n'y a qu'une seule façon de répliquer : l'insolence. Plus tu maltraiteras ces gens-là, plus ils te respecteront.

— Mais qu'est-ce qu'il faut que je fasse ?

Elle s'habillait, pour une scène, avec une grande robe noire, très décolletée, tenue par une ceinture rouge. Et peignait ses longs cheveux blonds qui brillaient. Elle se maquillait peu, en fait ; juste un peu les yeux, pour « le regard » !

Bogart ajustait sa casquette de propriétaire de yacht, et vérifiait l'effet de son col ouvert.

— Au lieu d'être gentil avec tout le monde, charmante, de sourire et d'adresser à tous une phrase agréable, joue plus les vedettes hautaines : lance des vacheries — si tu vois un gros technicien, demande-lui l'adresse de son marchand de sandwiches, si quelqu'un louche, demande-lui comment il trouve tes yeux... tu vois le genre ?

Lauren se levait, se donnant un dernier coup de peigne. Elle était aussi grande que Bogart. Et cela l'impressionna un peu, lui qui, de Mary à Mayo, n'avait connu que des femmes petites. Elle le

toisait. Et lui fit le coup de ses yeux. Bogie fut tout
bouleversé par ce velours noir qui lui donnait des
frissons. Le coup des yeux, elle savait maintenant
que ça marcherait toujours :

— Monsieur Bogart, merci beaucoup de vos
conseils. Mais je ne suis qu'une fillette de dix-neuf
ans. Je n'ai pas votre âge, votre expérience. Je n'ai
pas votre gueule. Je crois qu'une insolence ferait
très vulgaire dans ma bouche. Oui très vulgaire
chez moi, alors que c'est si naturel chez vous.

Elle refit le coup des yeux en patte de chat :

— Ai-je été assez insolente avec vous ?

Elle se détourna.

— Vous m'avez battu, dit simplement Bogart.

Et il resta seul dans la loge de Lauren. Elle
l'impressionnait. Encore le coup de la petite fille,
comme avec Mary. Non, il ne faut pas que ça
recommence.

Mais il pensait très souvent à Lauren. Et parfois,
dans ses bagarres quotidiennes avec Mayo, il se
trouvait plus mou que d'habitude. Il pensait à
autre chose. Mayo elle-même le remarqua, et un
jour, elle lâcha une assiette qu'elle voulait lancer
sur son mari, et d'un air tout triste, dépitée, elle
s'étonna :

— Alors, tu ne joues plus ?

Bogie sursauta. Se reprit, et lança la chaussure
qu'il avait à la main. Pendant quelques minutes, il

avait oublié qu'il se bagarrait avec Mayo. Faut dire
que ça devenait vraiment monotone.

Et puis, il avait le regard de Lauren dans un coin
de la tête.

Le lendemain, ils tournaient une scène où, assis
dans un fauteuil d'osier, il tenait Lauren dans ses
bras, puis l'embrassait sur la bouche.

S'embrasser entre acteur et actrice sur la bouche, c'est banal. A partir de quelques années de
métier, ça ne pose plus aucun problème, pas plus
que de dire bonjour. Et ne prête à aucune consé-
quence. D'ailleurs, les acteurs ne s'embrassent pas
vraiment sur la bouche, mais un peu à côté, pour
que ça fasse illusion. Mais là, sentant tout près de
sa bouche la jeune fraîcheur des lèvres de Lauren,
Bogie eut un trouble. Cette bouche avait une odeur
si légère, si douce, quelque chose de timide et de
sensuel... Il regretta amèrement de ne pas coller
ses lèvres profondément aux siennes.

Ce baiser « raté » le hanta toute la journée. Dans
quoi je m'embarque encore, pensait-il. Mais il
savait soudain que c'était le début d'un amour. Il
saisissait que depuis qu'il avait rencontré Lauren,
Mayo n'avait plus d'importance pour lui, qu'il
n'avait plus tellement envie d'elle, qu'ils faisaient
l'amour par routine.

Pourtant, il n'avait pas « envie » de Lauren. Elle
lui paraissait si pure, à côté de Mayo. Il avait
simplement le désir profond de lui parler, d'être à

côté d'elle. Le soir il s'endormait à côté de Mayo en pensant que demain il reverrait Lauren, que demain il lui parlerait. Il était heureux dès qu'elle levait le regard sur lui. Il avait l'impression, avec elle, de respirer enfin après des années de boue.

Ce jour-là, ce baiser « raté » du matin le poursuivait. Les lèvres de Lauren, les avoir tout près des siennes, encore. Mais le scénario ne prévoyait pas d'autres scènes de ce type.

Il errait dans les studios, comme un enfant buté. Il voulait conquérir cette fille aux yeux de velours, cette grande fille de dix-neuf ans, qui l'impressionnait. Il ne voulait pas tant l'aimer, mais surtout qu'elle l'aime, elle ; qu'elle le reconnaisse. Il marchait, derrière les projecteurs, derrière les pans de décors, entre les fils électriques. Soudain, il se décida.

Il entra dans la loge de Lauren. Il entra sans frapper. Son cœur battait, soudain. Il avait dix-neuf ans, lui aussi. Il devenait timide, et plus du tout insolent. Il pensa : c'est mon premier rôle, mon premier grand rôle.

Lauren Bacall, la grande Lauren Bacall, regardait étonnée cet acteur célèbre qui, comme un adolescent, se tenait devant elle. Elle l'avait connu si sûr de lui, sur le plateau, pendant le tournage. Et maintenant, il ne savait pas quoi faire de ses mains.

Soudain, il se pencha vers elle, et l'embrassa sur la bouche. Ce fut un baiser rapide. Lauren en resta

la bouche ouverte. Abasourdie. Il avait fait ça
comme on se jette à l'eau. Avec tendresse et
désespoir. Il avait fait cela comme on donne un
coup de poing. Avec rage et calme. Et maintenant
il rougissait. Il reculait un peu. Comme un enfant
gâté qui a manifesté son caprice. Elle ne se moqua
pas de lui. Bogie était pour elle un bon camarade,
qui l'amusait, la conseillait, la protégeait. Une
sorte de papa. Qu'il ait osé ce geste lui paraissait
invraisemblable. Et puis, pour elle, Humphrey
Bogart était un acteur célèbre, un des plus grands
acteurs de son temps. Qu'un tel personnage puisse
se trouver soudain aussi mal à l'aise devant elle lui
semblait inadmissible.

Mais Bogie ne pensait plus à rien. Il gardait sur
sa bouche une impression de fraîcheur, comme une
source d'eau pure. Et il ne pouvait détacher ses
yeux des yeux de Lauren. Il sentit que son honneur
était en jeu. Son honneur d'acteur. Son honneur de
Bogart. Il devait faire un geste. Il fouilla lentement
ses poches (il la regardait toujours), en sortit la
boîte d'allumettes qu'il lui avait lancée lors de la
première scène qu'elle avait tournée et qu'il avait
gardée en souvenir pieux, griffonna dessus son
numéro de téléphone, et partit de la pièce. Très
droit.

La grande Lauren, la toute jeune, restait toujours la bouche ouverte.

Elle acheva lentement de se maquiller. Elle vit

en rêve de grands titres dans les journaux : « Une histoire d'amour entre Lauren Bacall et Humphrey Bogart »... Mais se ressaisit vite. Elle voulait être actrice, mais ne voulait pas se prostituer pour cela. Et puis certainement Bogart avait fait ça pour jouer. Elle s'habilla, mit son imperméable et son chapeau. Dans le couloir des loges, elle rencontra le scénariste, l'écrivain William Faulkner.

C'était un petit homme avec des cheveux gris. On disait qu'il buvait. On disait aussi qu'il était génial.

— Monsieur Faulkner, monsieur Faulkner, que pensez-vous d'Humphrey Bogart ?

Faulkner la regarda de ses yeux tristes.

— C'est un homme, simplement un homme, répondit-il.

— Je ne comprends pas...

— Un homme, simplement. Je veux dire, beaucoup de malheurs, un peu d'espoir soudain, quand l'ange passe à la fin de la vie. Et puis le néant. Oui, simplement un homme.

Et William Faulkner s'en alla. Lauren frissonna.

Elle retourna à son hôtel. Se mit dans son lit. Elle était fatiguée. Elle avait froid. Elle ne savait quoi penser. Sa mère lui téléphona. Elle ne l'écouta presque pas. Elle éteignit la lumière. Alors, dans sa tête, elle vit le visage d'Humphrey. Elle avait de plus en plus froid. Elle voyait les yeux tristes d'Humphrey Bogart. Elle avait l'impression qu'il l'appelait au secours.

Et soudain, le téléphone sonna.

Elle sursauta. Répondit. C'était Bogart.

— Venez, dit-il simplement. Et il lui donna son adresse sur Horn Avenue.

Elle ne réfléchit pas. Elle s'habilla. Mit une robe trop légère pour la saison, une robe blanche, enfila son imperméable. Elle n'avait plus froid. Elle prit sa voiture, une voiture de location. Et roula sans rien regarder.

Devant la maison des Bogart, il y avait Humphrey. Elle arrêta sa voiture. Se précipita. Et s'immobilisa devant Bogie.

— J'ai bu, dit-il très simplement.

Il était vêtu d'un blazer bleu marine.

Elle s'assit sur le trottoir à côté de lui, et serra les pans de son imperméable sur ses longues jambes.

— Je suis un peu soûl. Retournez vous coucher. Vous n'avez rien à faire avec un pauvre type comme moi. Grand acteur, mais pauvre mec !

— Vous n'êtes pas un pauvre type.

— Taisez-vous. Vous ne connaissez rien à rien. Je suis un pauvre type. Allez vous coucher.

— Ne soyez pas insolent, monsieur Bogart.

Elle s'aperçut soudain qu'il était tout décoiffé, et qu'il y avait sur sa figure des traces de coups. Il regardait Lauren, et savait qu'elle avait vu.

— Vous savez ? dit-il.

— Oui, je sais. On ne parle que de ça.

— Elle est folle, je crois qu'elle est folle.

Ce soir-là Bogie se sentait si malheureux. Il aurait tant voulu paraître fort devant Lauren. Paraître ce père séduisant et gentil, ce conseiller qu'il avait été avec elle depuis deux semaines. Mais, d'un autre côté, il avait envie, avec elle, de sincérité, et il n'était pas mécontent de pouvoir parler sans masque.

— C'est ça, Humphrey Bogart, c'est ça, rien que ça. Quelqu'un qui s'engueule avec sa femme et qui finit sa nuit dans un caniveau.

— Mais c'est aussi quelqu'un qui joue merveilleusement bien. C'est aussi un grand professionnel. C'est aussi quelqu'un qui est capable d'embrasser timidement une toute jeune fille, de la troubler.

— Taisez-vous. Je pourrais être votre père.

— Oui, mais justement, vous ne l'êtes pas.

— Si vous m'aimez un peu, retournez vous coucher.

— Je ne vous aime pas un peu, Bogart.

Quand Bogie entendit cette phrase, il sentit lui aussi du chaud dans son cœur. Comme s'il se réveillait d'un cauchemar de plusieurs longues années... Il s'apercevait qu'il tenait dans sa main la main de Lauren Bacall.

— Je croyais qu'on se tutoyait.

— On a bien le temps, répondit-elle. Mainte-

nant, c'est moi votre maman. Allez vous coucher.
Chut ! Ce soir, cette nuit, c'est moi qui commande.
Allez !

Il se sentait si heureux, soudain. Il ne savait plus
très bien pourquoi. Mais heureux, il l'était.
Comme lorsqu'on plonge dans une mer fraîche.

Elle se levait, Lauren, elle partait. Et puis
revenait vite :

— Vous m'avez fait un cadeau, tout à l'heure.
Laissez-moi vous en donner un à mon tour.

Et comme un soupir, comme un battement de
ses cils, elle embrassa légèrement, très légèrement,
Bogie sur la bouche.

Il sentait cette fraîcheur. Il n'avait plus mal. Il
était capable de tout, maintenant. D'oublier tout,
l'enfer, le cyclone.

Il gardait les yeux fermés. L'odeur si pure de la
bouche de Lauren ne s'effaçait pas.

Il entendit un bruit de voiture. Elle repartait.
Mais il n'était plus seul.

Il passa une nuit à attendre le lendemain matin.

Quand il revit Lauren, son visage était jeune et
heureux. Il lui prit les mains.

— Aujourd'hui je m'occupe de vous.

— Et vous faites quoi ?

— Je ne sais pas, j'ai besoin que vous soyez très
gaie ! vous savez, j'ai besoin de me décontracter, et
j'ai envie qu'on rie autour de moi.

— Alors je vais vous faire rire. Voyons, comment pourrais-je vous faire rire ? Vous connaissez l'histoire du lapin qui a une oreille basse ?

— Non.

— Ah ! ça tombe mal : moi non plus !

Et Lauren riait déjà. Elle aussi avait attendu ce matin-là toute la nuit.

Ils avaient envie l'un et l'autre de parler de petites choses. Cela se passait dans la loge de Lauren, là où Bogie l'avait embrassée presque de force, la veille. Il leur semblait qu'ils avaient vécu beaucoup de temps depuis hier. Une complicité naissait entre eux deux. Une complicité de rire et de bien-être.

Quand Lauren tournait, Bogart la regardait, derrière les projecteurs. Et quand Hawks disait « coupez », il se précipitait vers elle, la confortait, lui disait :

— Bien, tu as été formidable.

Et lui donnait des conseils très techniques, sur des gestes, des attitudes à prendre.

Ils se regardaient. Se souriaient. Entre deux plans, Lauren imitait en douce le fameux geste de Bogart, se passer l'ongle sur la lèvre inférieure. Et Bogie lui répondait en posant son menton contre son épaule, en essayant d'imiter ses yeux de velours. Il y avait entre eux une entente. Bogart la percevait comme sa fille, une fille qui n'aurait jamais été un désagréable bébé, mais tout de suite une jeune femme, très pure, très légère... un ange !

Ils se parlaient par gestes, par petits clignements d'yeux. Peut-être sentait-elle Bogie comme un père... ou mieux : un grand-oncle qui vous fait découvrir la vie, un grand-oncle dont on est amoureux, sans le savoir, sans vouloir le savoir.

Quelques jours après leur premier très court baiser, Hawks convoqua Lauren dans son bureau. Sur le mur, il y avait des photos de tous les films qu'il avait tournés. Cet homme, déjà un peu âgé, très grand, très sec, au sourire maigre, mais si tendre, lui dit :

— Je suis vraiment heureux de tourner avec vous, vous êtes formidable.

La grande Lauren rougit jusqu'aux racines des cheveux.

— Tout va bien, à part ça, Lauren ?

— Tout va très bien.

— Et Humphrey ?

— Comment Humphrey ?

— Vous vous entendez bien avec lui, n'est-ce pas ?

— Il est...

Lauren hésita. Elle eut soudain peur — et elle avait raison — que Howard Hawks, qui l'avait engagée pour ce film, soit un peu jaloux de la complicité qui régnait entre Bogie et elle.

— Il est très bien.

— Méfiez-vous. C'est un séducteur. Une petite fille comme vous...

— Je ne suis pas une petite fille !

— Oui, bien sûr. Une jeune actrice comme vous doit faire attention aux pièges d'Hollywood.

— Vous parlez tous de pièges. Mais Hollywood est simple, très simple.

— Que vous croyez ! Faites-moi un peu confiance, Lauren. Attention à Bogie. Il y a Mayo, vous savez. Il tient à Mayo. Ne tombez pas amoureuse de lui. Oh ! surtout, ma petite, ne tombez pas amoureuse de lui. Le tournage fini, votre merveilleuse complicité va filer comme un brouillard. Croyez-moi, chère Lauren. Il aime être aimé, mais il n'aime pas. Il va vous rendre amoureuse de lui. Et après, content de son coup, il va vous laisser tomber.

Elle ne pouvait pas lui répliquer : Pauvre vieux, tu es jaloux, tu crèves de jalousie. Mais je ne peux pas t'en vouloir. Tu es un formidable metteur en scène, non je ne peux pas t'en vouloir !

Ainsi le regarda-t-elle avec ses yeux de velours, et appuyant son regard, murmura-t-elle du bout des lèvres :

— Merci, Howard, merci.

Elle sortit de son bureau. Marcha le long des couloirs de l'administration des studios : ça sentait le cigare froid. Elle entra dans sa loge. Mit son imperméable. Le serra très fort sur ses hanches fines. Au moment de sortir de sa loge, elle ralluma la lumière. Trouva le chapeau d'homme, avec un large bandeau, qui lui avait servi pour un plan du film. Le posa sur sa tête. Viens, Bogart, pensait-elle.

Elle marchait. Des couloirs, encore des couloirs. Puis le soleil. Elle prit sa voiture.

Des palmiers. Encore des palmiers. De grandes avenues, des agents qui réglaient la circulation. Des fils électriques de tramway. Alors elle s'aperçut qu'une voiture la suivait. Elle accéléra. Son cœur battait. Dans la voiture, il y avait un chapeau. Elle sortait d'Hollywood, longeait le Pacifique. Des virages, des roches, des agaves, des plantes tropicales. Encore des palmiers. La voiture la suivait toujours. Dedans, toujours un chapeau. Elle freina. La voiture s'arrêta à côté de la sienne. Dedans il y avait Bogart.

Le soleil se couchait. L'océan devenait bleu marine. Des teintes rouges sur les rochers.

Lauren gara sa voiture et monta dans celle de Bogie. Elle semblait essoufflée.

— Vous m'avez fait peur.

Bogart ne répondit rien. Il gardait son visage impassible.

— Vous avez fait exprès de me faire peur ?

« J'avais si peur, moi-même, que vous ne vous arrêtiez pas », se disait-il.

— On ne se tutoie plus ?

— Non. Et je ne vous tutoierai jamais. Je vous déteste.

— Je sais.

— Qu'est-ce que vous savez ? Vous croyez tout savoir et vous ne savez rien.

« J'ai peur de savoir que je suis amoureux de vous », se disait-il. Son visage restait toujours imperturbable. Il connaissait ce rêve.

Lauren allongea ses longues jambes dans la voiture. On roulait toujours. Le rouge du soleil couchant jouait à cache-cache derrière les palmiers sauvages. Les grandes falaises devenaient des miroirs de feu. Ils longeaient lentement la route de la corniche.

Elle souriait, maintenant, mutine. Bogie gardait toujours les dents serrées.

— Vous n'êtes pas content ?

— J'ai peur.

— De qui ?

— De vous.

Il portait un costume blanc, avec un foulard violet.

— Tiens, j'ai rencontré quelqu'un qui m'a défendu de tomber amoureuse de vous.

— Oui, je sais.

Elle le regardait avec de grands yeux.

— Et comment le savez-vous ?

— Parce que ce quelqu'un, c'est moi.

— C'est vous qui m'interdisez de tomber amoureuse de vous ?

— Oui.

— Et de quel droit ?

Il ne répondit rien. « Il faut que je sorte de mon masque de dur, se disait-il. Il faudrait que là, ce soir, pour la première fois, je sois sincère. »

— Oui, de quel droit ? Qui vous dit que je suis amoureuse de vous ? Vous n'êtes même plus insolent, vous êtes présomptueux. Je n'ai aucune intention de tomber amoureuse de vous.

Le soleil se couchait, rouge, dans la mer. Les teintes des falaises, des routes, des palmiers, des cactus, des villas, devenaient sombres. Bogie arrêta sa voiture sur un terre-plein surplombant l'océan. Le Pacifique était bien calme.

— Arrêtons de jouer, dit-il.

— Je ne joue pas. C'est vous qui jouez. Faites tomber votre masque de dur et de cynique.

Il se tourna vers elle. Son visage ne se détendait toujours pas. Il n'y arrivait pas. Il désirait tant la prendre dans ses bras et rester en silence à côté d'elle.

— Mon masque, mon masque d'acteur, c'est ma dernière protection, ma dernière...

Oui, soudain cette envie de tout lui dire, tout. Tout ce qui s'était accumulé depuis de longues années.

— Vous êtes comme la fille que j'aurais pu avoir d'une autre femme, ma femme que j'aimais, et qui s'appelait Mary. Vous êtes une petite fille.

— Je ne suis pas une petite fille.

— Taisez-vous. Vous ne savez rien de la vie.
Oh ! pourquoi être si dur avec elle, alors qu'il
avait tant envie de la prendre dans ses bras ? Mais
comme une enfant. Et ça, il ne le supportait pas.

— Ecoutez-moi. J'ai aimé une femme, elle
s'appelait Mary. Mais je l'aimais comme on aime
une petite fille. Et cela la fit beaucoup souffrir.
Après j'ai aimé une femme comme une adulte, elle
s'appelait Mayo, et cela m'a fait beaucoup souffrir.
Maintenant je ne sais plus...

— Vous êtes un grand acteur.

— Et après ? Je voudrais tant être heureux en
amour. Mais je ne veux plus recommencer.
Mary... Mayo... Non ! J'ai peur de vous prendre
pour une petite fille. J'ai peur de vous faire mal.
Non, je vous en supplie, ne devenez pas amoureuse
de moi, non !

Ça faisait deux fois que Lauren entendait cette
phrase aujourd'hui. Ça faisait un peu trop !

— Vous m'agacez tous à la fin. Et si j'ai envie de
devenir amoureuse de vous, moi ?

— Taisez-vous, vous ne connaissez rien à la vie.

— Et vous, que connaissez-vous de ma vie ?
Savez-vous que je ne m'appelle pas Lauren Bacall,
mais Betty Perske. Que mes parents sont divorcés.
Que depuis l'âge de quatorze ans, j'ai été mannequin. Puis ouvreuse de théâtre à Broadway. Mais
que je n'échappais pas au métier de mannequin.
Que ma gueule paraissait partout. Et que la femme

de Howard Hawks m'a engagée, sans même savoir si je jouais bien ou mal la comédie. Que c'est un miracle si je m'en sors. Que j'ai peur, moi, vraiment. Que je n'ai que dix-neuf ans, moi, et toute la vie devant moi, que je ne suis pas un vieux monsieur, moi, que je ne me pose pas de problème métaphysique pour savoir si j'aime ou pas une jeune fille.

La nuit tombait. Sur la baie de Los Angeles, une à une les lumières s'allumaient. Et glissaient lentement sur le Pacifique.

Soudain Bogart était heureux :

— On s'est dit la vérité, je pense ?

— M'avez-vous dit la vérité ?

— Oui. J'ai peur que vous deveniez amoureuse de moi.

— Croyez-vous que vous pouvez inspirer de l'amour ?

— Oui.

— Vous êtes franc. C'est bien. Bien.

Un instant, elle regarda la nuit. La poitrine de Bogie était serrée.

— J'ai peur, moi, d'être amoureux de vous. J'ai peur d'être amoureux d'un ange merveilleux, apparu dans mon enfer. Alors, si vous êtes amoureuse de moi, se sera terrible. Mais si vous n'êtes pas amoureuse de moi, vous serez seulement une bonne copine. J'oublierai. Et tout ira bien.

Soudain la fraîcheur des nuits de Californie. Une

buée dans la voiture. Ils avaient si chaud de se
parler comme ça. Avec son doigt, Lauren dessina
un visage sur la vitre embuée. Ce visage souriait.
Elle pas. Elle restait très sérieuse. Bogart aussi. Ils
auraient pu éclater de rire et s'embrasser. Ils
avaient conscience que leurs vies se jouaient.

— Et pourquoi ce sera terrible, si je suis
amoureuse de vous ?

— Parce que je devrai quitter Mayo. Et tout
recommencer.

— Tout ?

— Tout. Raconter encore ma vie. La revivre. Et
me faire à vous. Et vous demander en mariage. Et
vous épouser. Et encore pleurer à notre mariage.
Mais surtout, avant, quitter Mayo. Le puis-je ?

— Et si je ne suis pas amoureuse de vous, vous
m'oublierez ?

Bogart ferma les yeux. Il tentait d'être vraiment
sincère. Avait-il déjà été sincère avec une femme ?
certainement pas. Avec des hommes, peut-être.
Mais avec les femmes, il avait toujours joué. Pour
la première fois il n'avait pas envie de jouer. Pas
envie de jouer à l'amour.

Lauren comprenait-elle les pensées de Bogie ?
Elle ne le regardait pas. Tout autour d'eux les
lumières, le noir. Les lumières comme des étoiles.
Ils se trouvaient bien loin au-dessus de la terre. Les
étoiles...

Lauren entendit-elle les pensées de Bogie. Sans

le regarder, elle enleva son chapeau, enleva le chapeau de la tête de Bogart, et mit son chapeau sur la tête de Bogart, et posa le chapeau de Bogart sur sa tête à elle. Ce geste était simple. Pouvait-elle faire autre chose que des gestes simples ?

Et puis elle murmura :

— Rassure-toi : je ne suis pas amoureuse de toi.

— Je sais Betty, je sais. Moi non plus.

Il y eut, dans ces deux phrases, tant d'amour et de tendresse, qu'un frisson, comme un torrent dans la nuit, les parcourut tous les deux.

L'un vers l'autre, ensemble, ils se tournèrent. Bogie était ridicule avec le chapeau de Lauren, trop petit. Lauren était grotesque avec le chapeau de Bogie, qui lui descendait jusqu'au nez.

Ils riaient l'un et l'autre, l'un de l'autre, l'un avec l'autre.

Et s'embrassèrent. Devant toutes les étoiles du monde. Toutes les lumières de la Californie.

IX

Peu avant la fin du tournage du *Port de l'Angoisse,* Mme Weinstein, la mère de Lauren, qui avait traduit en russe son nom, « Bokal », puis qui l'avait anglicisé en « Bacall », vint de l'Ohio, où elle habitait, vers Hollywood, voir sa fille. Certains bruits couraient, certaines rumeurs, qui concernaient sa fille. Elle était, paraît-il, très « copine » avec Humphrey Bogart... Et cette « amitié » inquiétait Mme Bacall mère, qui avait peur que sa petite enfant ne soit pervertie par les milieux, bien sûr malsains, du cinéma.

Sa fille vint la chercher à la gare.

Déjà, dans le taxi qui les menait à l'hôtel, la mère commença le sermon qu'elle avait ruminé pendant tout le voyage. C'était une petite dame très gentille et très envahissante. Pour passer quelques jours à Hollywood, elle amenait trop de bagages.

— Je sais tout.

— Tu sais quoi ?

— Tout. N'oublie pas qu'il a vingt-cinq ans de plus que toi, et qu'il est déjà marié.

... Pendant ce temps-là, Mayo était boudeuse. Elle sentait que Bogart lui échappait. Il rêvait trop, ces temps-ci. Souvent, le soir, il partait dans les rues. Elle avait très peur ; elle évita soudain les bagarres avec son mari, car elle voyait qu'il n'était plus disponible pour ses jeux, que peut-être il en avait assez. Mais Bogie ne semblait même pas remarquer qu'elle ne hurlait plus. Il vivait dans un gentil rêve. Dès qu'il quittait Lauren, dès qu'il ne se trouvait plus avec elle, il se fermait au monde. Il accomplissait des tâches par habitude et routine ; un fantôme ! Il semblait même ne plus remarquer Mayo. De temps en temps, il s'étonnait de sa présence. Il s'efforçait de lui sourire, mais il était loin, loin...

Mayo se mit à boire encore plus. Bogie ne le remarqua même pas.

L'enfer, le cyclone, il le traversait maintenant comme un funambule, uniquement préoccupé de son fil.

Ce fil ténu s'appelait « Ma Lauren ».

Dès qu'il la retrouvait dans les studios, il s'ouvrait au Monde. Lui, qui paraissait si endormi hors des studios, si lointain, devenait soudain un jeune homme fringant, plaisantant sans cesse.

— Bonjour Baby.

— Je ne suis pas ton Baby.

— Pardonne-moi, je me suis trompé de porte.

— Mais non, tu as frappé à la bonne.

— Alors, c'est bien ce que je disais : bonjour Baby !

Ils se taquinaient. Lauren semblait heureuse. Elle l'était.

Le soir, ils partaient des studios, avec leurs deux voitures, comme si de rien n'était. Et c'était un vrai jeu pour eux. Il la poursuivait avec sa voiture. Elle tentait, dans les larges avenues bordées de palmiers en cages, de le semer. Mais ils savaient bien où ils devaient se retrouver. Là où les étoiles avaient brillé sur leur bonheur. Et dans la voiture, ils parlaient. Bogie avait mis son chapeau. Lauren aussi. Ils se les échangeaient comme ce premier soir.

Bientôt la lune se levait sur les collines lointaines de Beverly.

Ils parlaient. Ils se touchaient peu.

— Si tu savais, disait Bogie, combien je me sens détendu avec toi. Je me sens comme sur une plage en plein soleil, sans rien d'autre à faire que d'attendre le bon plaisir du soleil.

— Attendre le bon plaisir du soleil ! Tu as peut-être besoin de me toucher ?

— Pourquoi, je ne t'aime pas, et toi non plus.

Les lumières, une à une, comme en ce premier soir.

— Tu sais Betty (Betty, comme au premier soir), tu sais, l'amour, pour moi, ça veut dire du malheur, de la tristesse. Helen, Mary, Mayo… Du malheur, de la passion, de la violence, des moments de désespoir. Avec toi, il n'y a pas de désespoir, il n'y a pas de hurlements. Il n'y a que du bonheur. Du bonheur tout simple ! Ce n'est pas de l'amour. Ou alors je ne sais pas ce que c'est que l'amour.

— Et si monsieur le grand professeur Bogart ne savait pas ce que c'est que l'amour ?

— Monsieur le professeur Bogart sait malheureusement ce que furent ses amours.

— Mais moi, je ne suis pas du tout professeur. Moi je sais rien. Je n'ai que des grandes jambes, des cheveux blonds, des yeux pour amuser la galerie, et dix-neuf ans. Moi, je ne sais pas ce que c'est que l'amour. Bien sûr, j'ai dans la tête une idée de l'amour. Mais c'est une idée complètement idiote, pardonnez-moi, monsieur le professeur. Je crois, mais je me trompe sûrement, que l'amour c'est quand une grande bringue de dix-neuf ans pose sa tête sur l'épaule d'un monsieur qui ne veut pas l'aimer parce qu'il a peur de ne pas souffrir, parce qu'il croit à la passion et pas à la simplicité !

— Je crois en effet que c'est une idée complètement idiote.

Et Lauren mit sa tête sur l'épaule d'Humphrey.

Avec elle je n'aurai pas de cris, pas de passion.

Simplement de la tendresse. J'ai déjà vécu ça avec Mary. Mais elle me l'a reproché.

Le jour vint où Howard Hawks dit « coupez » pour la dernière fois. Il y eut un cocktail. Et Humphrey et Lauren n'eurent plus aucune raison de se revoir.

Mais Lauren resta à Hollywood. Elle se donnait de bonnes raisons : je vais recommencer à travailler, il faut que je reste ici jusqu'à la sortie du film.

Et Humphrey tournait en rond. Mayo était soûle à partir de dix heures du matin, mais il ne s'en apercevait même pas.

Chacun de leur côté, lui dans sa maison, elle dans sa chambre d'hôtel, ils tournaient en rond. Chacun pensant à l'autre. Sans oser se téléphoner.

Bogie ne faisait plus attention à rien. Il croyait que Lauren n'était qu'un peu de fraîcheur dans ce qu'il pensait lui être nécessaire : la passion, la violence, le cyclone. Mais, il ne la voyait plus depuis trois jours et il souffrait réellement. Il n'osait pas s'avouer que ça faisait déjà un bon bout de temps qu'il était amoureux de Lauren Bacall. Et soudain, il comprit. Il voulut lui dire. Il se jeta sur le téléphone, forma le numéro de l'hôtel de Lauren.

Il entendit sa voix. Et pour la première fois depuis trois jours, il sourit :

— Je n'en peux plus, dit-il.

— Moi non plus, entendit-il au bout du fil.

Ils raccrochèrent tous les deux en même temps et se précipitèrent dans leur voiture.

Il faisait un soleil de feu. Le bleu du ciel crispait Los Angeles dans une totale torpeur. Il était deux heures de l'après-midi. Les hautes maisons blanches dormaient sous le soleil ; les grandes propriétés avec piscines et grilles de fer forgé dans la chaleur. Les palmiers se gorgeaient de poussière. Les larges avenues, vides. Ils se rencontrèrent, les deux voitures s'arrêtèrent pare-chocs contre pare-chocs.

Il y eut un grand silence. Bogie était en chemise ; un foulard de soie coulait doucement de son cou. Lauren portait une robe mauve très simple.

Ils ne bougèrent ni l'un ni l'autre de leur voiture.

Bogie voulait lui parler. Expliquer son problème. Il ne pouvait supporter, depuis toujours, les situations confuses. Il voulait être clair. Dans le bonheur, comme dans le malheur. Clair et droit.

Il se pencha par la portière. Lauren se pencha aussi. Il disait lentement :

— J'ai peur de t'aimer parce que je te vois comme une petite fille. Et j'ai peur de te faire mal en te prenant pour une petite fille. Mais j'ai vingt-cinq ans de plus que toi. Alors je peux me permettre de te prendre pour une petite fille sans que tu en souffres. Tu aurais le même âge, ce serait catastrophique. Mais je peux me permettre ça. Hein, que je peux me permettre ça ?

— Oui, dit Lauren.

Sa tête penchait par la portière, dans le soleil de Californie. Le soleil la prenait tout entière. Elle était le soleil, et vibrait de ses feux. Voilà !

— Tu dois penser que je suis compliqué, que je me crée des problèmes.

— Oh ! oui, soupira Lauren.

Le soleil, comme la vie. La lumière blanche partout au monde.

Et la sueur coulait sur le cou de Bogie. Mais il voulait s'expliquer, toujours s'expliquer, alors qu'un seul sourire aurait suffi.

— Je veux que ce soit clair entre nous. Tu es ma petite fille mais tu es aussi autre chose : la simplicité. Je t'aime, Simplicité.

— Et toi tu es la complication. Je t'aime, Complication. Je t'apprendrai la simplicité.

Ils avaient mis l'un et l'autre leurs chapeaux aux larges rubans, comme un très simple clin d'œil. Le soleil. La terre entière est un soleil. Ils ne bougèrent pas de leurs voitures, pare-chocs contre pare-chocs. Simplement, les deux pare-chocs se collèrent. Comme un abandon.

Le soleil de Californie. Les palmiers de Los Angeles. Helen, Mary, Mayo. Aujourd'hui : Lauren !

Le lendemain, Humphrey invita Lauren sur son yacht, à Newport. Il comptait bien que Mayo ne s'y rendrait pas. Mayo se sentait vraiment malade.

Elle restait au lit, à boire. Elle grossissait. Le vendredi, Bogart entra dans sa chambre :

— Je vais à Newport, ce week-end. Tu veux venir ?

Pourvu qu'elle ne dise pas oui !

— Tu veux que je vienne, ou tu veux te débarrasser de moi ?

— Je veux me débarrasser de toi, bien sûr.

— Alors je viens.

— C'est ce que je voulais.

— Alors je ne viens pas.

— Tu crois pas que la vie est un peu compliquée avec toi ?

— Tu le savais. Alors pourquoi m'as-tu épousée ?

— Oui, bon, bref. Alors tu viens ou tu viens pas ?

Quand Bogie partit, le lendemain, il était très tôt, et Mayo dormait encore. Il s'enfuit sur la pointe des pieds. Et roula vers Newport, dans un petit brouillard matinal que le soleil neuf perçait lentement. Pourvu que Mayo ne décide pas soudain de venir. Il avait très peur. Et il n'arrivait pas à ne pas se sentir un peu coupable. Il savait que Mayo allait mal. Très mal ! Mais il voulait voir Lauren. C'était plus fort que lui. Avec elle, il revivait. C'était vraiment pour lui une sorte d'amour encore inconnu et qu'il découvrait à quarante-cinq ans. Un rapport très franc, très simple. Un rapport d'égalité ; sans aucune rivalité puisque de toute manière, dès le départ, Bogart était plus connu que Lauren.

Il roulait vite. Comme s'il fuyait Mayo. Et c'était d'abord ça, le sentiment étrange qu'il éprouvait pour Lauren. D'abord fuir Mayo, l'alcool, les bagarres, cet enfer qu'il avait vécu depuis six ans. Seule Lauren, la droiture, la netteté de Lauren, pouvaient le sauver.

Newport. Les jetées. Le Pacifique. Les grands voiliers. Le cliquetis des mâts bercés par le mouvement très lent des vagues. Avec Lauren, il avait invité, pour cette journée de mer, un couple d'amis, Pat et Zelma O'Moore, qui, comme lui, étaient des fervents de la voile. C'était un couple tanné par le soleil et très sportif. Bogie les aimait beaucoup. Ils attendaient devant le yacht. Avec eux, il y avait Lauren.

Bogart la serra dans ses bras. Il était habillé avec son costume de yachtman, veste bleu marine, pantalon blanc, et la même casquette qu'il portait dans *Le Port de l'Angoisse*. Lauren avait elle aussi un pantalon blanc. Déjà, il faisait chaud.

Ce fut si bon, si simple, pour eux, de se retrouver, de se toucher... Et l'on prit la mer.

Les O'Moore furent très discrets. Ils laissèrent Bogie et Betty à leurs amours.

C'était la première fois que Lauren montait sur un bateau à voiles, et elle fut émerveillée. Elle regardait avec tendresse l'adresse de Bogie qui manœuvrait les voiles. Elle se laissait bercer, elle riait.

Le soleil et la mer lui caressaient le visage.

Elle voulut faire la cuisine. Cela enchanta Bogie. Qu'elle veuille s'occuper, participer, pas seulement se laisser aimer ; et pourtant, elle était invitée.

Ils descendirent dans la cabine. Et Lauren attrapa quelques boîtes de conserve. Et voilà qu'à son tour, Bogie la regardait, émerveillé. Il aimait vraiment les gestes simples, naturels, tendres de Lauren. La façon appliquée et tranquille qu'elle avait de mettre la table, les assiettes, de tourner les haricots dans la casserole, d'y rajouter quelques herbes... Aucune des autres femmes qu'il avait connues ne savait faire la cuisine. Il leur fallait des bonnes.

Bogie était tout attendri.

— Tu sais faire la cuisine ?

— Oh ! un peu, un tout petit peu. C'est ma mère qui m'a appris.

Et Humphrey découvrait ces joies très simples. Il se laissait un peu servir. Il s'en aperçut. Et participa aussi à la confection du repas.

Les O'Moore, qui pourtant crevaient de faim, n'osèrent pas les déranger et se contentèrent de sandwiches, sur le pont.

Tout était si naturel avec Lauren.

— Tu es merveilleuse.

— Moi ? Non. Je suis moi, c'est tout.

L'océan devenait un peu gros. Et le bateau se balança un peu. Les voiles claquèrent. Soudain Lauren, dans l'odeur de la nourriture, dans son émotion d'être avec Bogie « comme en famille », et dans les mouvements de balançoire du bateau, se mit à avoir mal au cœur. Bogart s'en aperçut tout de suite. Elle était blanche, les narines pincées.

— Qu'est-ce que tu as ?

— Rien, rien, je t'assure !

— Mais si, tu te sens pas bien, je le vois bien !

— Mais non, mais non, je t'assure. Oh ! c'est ridicule. Oui, je me sens pas bien. J'ai le mal de mer. Oh ! tu vas m'en vouloir ! le bateau, c'est si important, pour toi.

Bogart, qui s'était toujours moqué des gens qui avaient le mal de mer, qui ne les supportait pas, serra Lauren dans ses bras.

— Oh ! c'est magnifique. Tu as le mal de mer ! C'est pas grave. Viens, allons sur le pont.

— Pourquoi est-ce magnifique ?

— Parce que je vais te soigner. Parce que tu as osé m'avouer que tu te sentais mal. Parce que tu es mon petit baby. Parce que je suis tout ému de te sentir malade. Parce que je me sens malade, moi, aussi. Ce qui prouve que je t'aime.

— Tu te moques de moi.

— Tu crois vraiment que je me moque de toi ? Ils montèrent à l'air libre. Le grand vent

redonna des couleurs à Lauren. Et ses longs
cheveux y volaient. L'écume des eaux la ravigota :
tout autour d'elle, ce n'étaient que vagues, immensité verte du Pacifique. Elle fut saisie.

Elle se blottissait dans les bras de Bogie. Et il
était si heureux de cette douceur. Il la sentait si
fragile, et si forte à la fois. La fragilité de son âge,
la force de sa franchise. Pourquoi est-ce que cela
lui plaisait tant qu'elle ait le mal de mer ? Parce
qu'elle se permettait d'être ridicule devant Bogart.
Et il comprit que c'était ça, l'amour, ce qu'il
n'avait connu, ni avec Helen, ni avec Mayo ni
même avec Mary : la possibilité d'être ridicule, de
ne pas être solide, l'un devant l'autre. Lauren se
mettait nue devant lui, et lui pouvait se mettre nu
devant elle. Il n'était pas question de pardonner
des faiblesses, d'en jouer, mais de s'accepter tel :
de ne plus jouer.

Il embrassait partout Lauren, la couvrait de
baisers. Pas des baisers violents et mordants,
comme avec Mayo. Mais des baisers adultes,
calmes, profonds.

— Oh ! je t'aime, je t'aime, oh ! ma Lauren.
L'ange, tu es l'ange qui m'apprend tout !

Mais quand ils rentrèrent au port, ils aperçurent
sur le quai une grosse silhouette, enveloppée dans
un grand manteau de fourrure, comme s'il faisait
froid : Mayo... Le vent la chavirait.

Lauren était complètement affolée. Bogart se

figea. Il se donnait complètement à elle il y a quelques instants encore ; maintenant il restait sur la défensive. Ses mâchoires se durcissaient. Le cyclone revenait.

Ils accostèrent. Lauren se cacha dans les toilettes. Une bonne scène de vaudeville.

Quand Mayo pénétra dans la cabine étroite — juste une table et des couchettes superposées —, elle ne vit que les O'Moore qui, bien que bronzés, avaient l'air très gênés ; et Bogart. Il avait le visage fermé, froid.

— J'ai l'impression de vous déranger, dit Mayo.

Elle ne tenait pas très droit. Beaucoup de verres d'alcool, déjà.

Elle toisait Bogart.

— Barrez-vous, dit-elle aux autres.

Pat et Zelma O'Moore filèrent sans demander leur reste, ils avaient très peur de cette folle.

— Tu es tout seul ? demanda-t-elle à Bogie, quand ils furent partis.

— Tu le vois bien.

Pourvu qu'elle ne visite pas tout le bateau !

— Pourquoi es-tu parti sans moi, ce matin ?

— Tu m'avais dit que tu ne voulais pas venir.

— C'est toi qui as entendu ça pour te débarrasser de moi.

Ses joues étaient encore plus gonflées, de colère, d'angoisse, d'alcool. Elle enleva son manteau de fourrure. Elle était presque nue, par-dessous , avec un chemisier entrouvert.

— Fais-moi l'amour.

Bogart fut soudain dégoûté. Elle qui l'avait tant excité, pendant six ans ! Il pensait à la pudeur, à la tendresse de Lauren, à sa pureté ! De voir cette poivrote à la voix rauque lui retourna le sang. Et dire que Lauren écoutait tout ça, cachée dans les cabinets ! Oui, tout cela était lamentable. Il détestait vraiment maintenant Mayo, il ne pouvait plus la voir. Il voulait vivre dans la simplicité de Lauren.

— Non, dit-il. Il n'en est pas question.

— Tu ne veux pas faire l'amour avec moi ?

— Non, te dis-je. Non !

Elle se mit à hurler, commença à tout casser. Elle était vraiment pitoyable. Bogart restait immobile, distant. Profondément écœuré par cette femme. Il se demandait comment il avait pu l'aimer.

Les assiettes, les verres, les restes du repas giclaient par terre. Mayo, cette folle, se déchaînait. Les O'Moore, qui entendirent le fracas de bagarre, remontèrent sur le bateau, maîtrisèrent Mayo, l'emmenèrent de force sur le quai. Elle se roula par terre. Pour permettre à Lauren de fuir, ils entraînèrent Mayo dans un bar. Elle pleurait. Elle se calma un peu devant un verre d'alcool.

Pendant ce temps, Bogie et Lauren fuyaient du

bateau ; se cachaient. Lauren sanglotait, terrifiée
par la scène vulgaire à laquelle elle venait d'assis-
ter. Ses jambes étaient de coton.

— Pauvre Bogie, pauvre Bogie, répétait-elle,
comment as-tu pu supporter cela ?

Une grande émotion serrait la gorge de Bogart :
elle ne se plaignait pas, elle, d'avoir sans doute eu
peur, cachée dans les toilettes, comme une maîtresse, non : elle plaignait Bogie. Il l'embrassa avec
une très grande douceur. Les joues de Lauren
étaient comme le sable d'une plage au soleil de
juillet.

Lauren revint avec les O'Moore ; et Bogie avec
Mayo. Dans la voiture, Mayo l'injuriait :

— Espèce de sale porc. Tu pues, tu pues
comme un porc. Maintenant tu me laisses tomber.
Je te tuerai, Bogie.

Bogie ne disait rien. Il se trouvait au-delà de son
visage froid, sans expression. Il pensait à Lauren.
Le visage de Bacall se nichait en rêve contre sa
poitrine. Les oreilles de Bacall écoutaient son
cœur. Il souriait sous son masque imperturbable,
Bogie. Il était heureux.

Mayo hurlait toujours.

Le lendemain Mayo s'ouvrait les veines. Bogart
s'occupa d'elle. La conduisit à l'hôpital. On la
soigna. On lui fit subir une cure de désintoxica-
tion.

Au téléphone, Humphrey racontait à Lauren :

— C'est du cirque. Elle a fait en sorte que le sang coule, pour que ce soit assez impressionnant mais sans vraiment vouloir se tuer. Je la déteste, je ne peux plus la supporter.

— Ne lui fais pas de mal, Humphrey, essaye de ne pas lui faire de mal.

— Je veux lui faire mal.

— Non, non je te défends. Si tu lui fais du mal, je ne veux plus te voir. Et ça me fera beaucoup de mal, à moi.

Merveilleuse Lauren. Jamais, dans ce monde fou qui avait été le sien, il n'avait rencontré autant de droiture.

— Tu as raison. Je t'aime. Je dois être patient.

Il le fut. Mayo était vraiment insupportable.

Le 16 septembre 1944, pour l'anniversaire de Lauren, ses vingt ans, il lui envoya un bouquet de fleurs : « pour toi, qui me sauves, fleur parmi les fleurs ».

Et tous deux commencèrent à tourner *Le Grand Sommeil*. Sous la direction d'Howard Hawks, d'après le roman de Raymond Chandler. Ce fut un des plus grands rôles de Bogart et de Lauren aussi. Leur entente éclatait à chaque image, à chaque scène.

Dans leur loge, ils passaient de longues heures à ne rien dire. A simplement s'aimer, front contre front. Des fleurs parmi les fleurs.

Bogart buvait moins : Lauren, elle, ne touchait

jamais à l'alcool. Il découvrait une vie tranquille. Il
aimait appuyer sa tête contre l'épaule de Lauren. Il
fuyait sa maison et Mayo.

Mayo devenait grasse et bouffie. Elle sombrait.
Elle hurlait souvent. Mais Bogart ne la voyait plus
que comme une ombre mauvaise.

Le Port de l'Angoisse connut un très, très grand
succès. Le couple Bacall-Bogart fit le tour de
l'Amérique. La célébrité. Ils recevaient des milliers de lettres. Mayo tombait de plus en plus bas.
La vie avec elle devint trop insupportable. Elle
hurlait sans cesse, se roulait par terre. Elle recom-
mençait à trop boire. A partir de dix heures du
matin, c'était une larve qui pleurait, au milieu de
bouteilles vides.

Bogart s'en alla. Il ne pouvait plus vivre avec
elle. Il ne pouvait revenir dans cette maison après
avoir passé tant de moments aussi merveilleux avec
Lauren ! Il déménagea, s'installa à Berverly Hills
Hotel. Lauren venait le voir. Ils parlaient. Ils se
disaient tout. Sans tricher. Ce ne fut que tendresse.
Lauren était toujours d'humeur égale. Bogart
retrouvait ce qui avait toujours été le fond de son
caractère : une douceur qu'il avait toujours voulu
masquer.

Mais Mayo faisait suivre Bogie et Lauren par un
détective privé. Bogie, qui justement jouait le rôle
d'un détective privé dans *Le Grand Sommeil*, le

reconnut tout de suite à son allure, comme si ce détective privé l'imitait, lui, Bogart.

Il le prit par le revers de l'imperméable :

— Toi, mon vieux, tu files, maintenant. OK ? Je t'ai vu, et assez vu.

— Oui, m'sieur, répondit, tout penaud, le privé, qui fila sans se retourner.

Mais Mayo connaissait maintenant la liaison de Bogart. Et elle téléphona un jour au Beverly Hills Hotel. Comme par hasard, elle tomba sur Lauren. Elle la traita de « sale juive ». Le détective privé avait bien fait son travail : Mayo connaissait même le nom de jeune fille de Lauren Bacall.

Quand Lauren, complètement remuée, en larmes, apprit cela à Bogart il fut pris d'une grande rage, et alla directement dans son ancienne maison chez Mayo.

Là, il trouva Mayo si défaite, si soûle, si abandonnée, qu'il n'osa pas hurler contre elle comme il en avait eu l'intention. Il se sentit un peu coupable. Mayo pleurait au fond de son lit. La même semaine, elle fit une nouvelle tentative de suicide.

Bogart étouffait. D'un côté, il y avait la vie : Lauren, cette joie, cette simplicité ; et dans la vie tout était si net, si facile, dans une totale entente. De l'autre côté, il y avait la mort : Mayo, la mort terrible et noire, violente et passionnée, la mort soûle ; et dans la mort, tout était si compliqué, si difficile. Bogart étouffait d'être ainsi ballotté entre la mort et la vie.

Il se remit à boire.

Ça l'aidait. Il avait honte de son amour avec Lauren. Il avait peur de la souiller, de la détruire, tant qu'il restait encore avec sa femme. Maintenant il lui fallait choisir entre la vie et la mort.

Vers la fin du tournage du *Grand Sommeil,* un week-end, il alla faire du bateau à Newport avec Lauren, comme ça leur arrivait souvent.

Mais l'ombre noire de Mayo serrait le cœur de Bogie. Et pendant qu'il voguait, émerveillé, comme toujours, par la tranquillité de Lauren, sa manière si naturelle de faire le café, de marcher, de lui sourire, si doucement, si calmement, avec autant de complicité, de temps en temps, soudain, l'image brutale de Mayo frappait ses yeux ; et il sursautait. Où était le réel, où était le rêve ? Mayo ? Lauren ? Alors il but un peu. Puis, d'un verre l'autre, il perdit pied. Perdit pied avec le réel ou le rêve, il ne savait plus...

Tant et si bien que lorsque, vers la fin de la journée, ils accostèrent, Bogart était ivre. Et tout partit dans sa tête. Il prit un air affolé, désemparé :

— J'en ai assez !

— De quoi ? s'étonna Lauren. Elle ne reconnaissait plus son Bogie.

— De tout. J'en ai assez de ta simplicité. J'en ai assez ! Tout est trop simple, pour toi, trop beau,

trop net, trop franc. Les choses sont plus compli-
quées que ça. Je suis plus compliqué que ça. J'en ai
assez, assez !

Lauren le regardait, les yeux écarquillés. Ce
n'était plus Bogie, plus son Bogie, qui était là.
Mais un autre. Une étrange figure. Elle hurla. Elle
avait vraiment peur. Ce bateau lui devint étranger.
Elle s'enfuit.

Il y avait de grands nuages noirs. Le soleil
couchant s'y perdait. Elle courait sur le quai.

La fuite de Lauren désoûla immédiatement
Bogart. Il comprit tout d'un coup qu'il avait tout
cassé, tout gâché. Que cet extraordinaire amour
avec Lauren était fragile, et merveilleux de par sa
fragilité même, et qu'il devait y faire attention, le
préserver. Il se secoua, sauta du bateau, lui aussi
courut sur le quai désert en ce léger crépuscule très
rouge, et plein de nuages noirs.

Il rattrapa Lauren, la rattrapa comme un désespéré. Elle aussi s'enfuyait désespérée : son univers
s'écroulait.

— Pardon, pardon...

— Laisse-moi, laisse-moi.

— Pardon, regarde-moi, regarde-moi, même
pour la dernière fois.

— Je te déteste, tu as tout cassé. Tu n'es bon
qu'à tout démolir ! Tu n'es bon qu'à ça.

— Non, non Lauren, écoute-moi, je t'en supplie, écoute-moi !

— Va cuver ton vin.

— C'est fait. J'ai tout cuvé, tout. Je suis celui qui t'aime, maintenant.

— Moi, je ne t'aime plus.

— Tant pis. Mais écoute-moi, écoute-moi une dernière fois.

Lauren gardait la tête baissée.

— Ecoute-moi. Je ne peux plus supporter de t'aimer sans vivre avec toi. Je ne peux plus t'aimer en vivant avec Mayo. Ce n'est plus possible. Je suis un homme fidèle et qui croit au mariage. Je sais qu'en toi, j'ai trouvé l'amour idéal, celui que depuis mon enfance j'attendais. Je veux divorcer d'avec Mayo. Recommencer avec toi. Il faut que nous soyons toujours ensemble, et heureux. Sans nous cacher. Ta franchise et ta simplicité ne peuvent plus s'accommoder de la clandestinité. Je ne supporte plus cette clandestinité. C'est pour cela que j'avais bu. Maintenant je n'ai plus bu. Veux-tu être ma femme ?

Elle ne répondit rien. Il ajouta :

— Tu peux partir, si tu veux, maintenant que tu m'as écouté.

Le cœur de Lauren était tout chaud. C'était le plus beau jour de sa vie, après avoir failli être le pire.

Elle ne répondit rien. Elle attrapa le poignet poilu de son Bogie, et le mordit, doucement, très doucement.

Le mariage d'Humphrey et de Lauren fut célébré le 21 mai 1945. Auparavant, il lui fallut divorcer d'avec Mayo. Cela n'alla pas sans problèmes, cris, déchirements, hurlements. Ces périodes, Bogie, qui les avait aimées un temps, les détestait maintenant.

Enfin le divorce fut prononcé, dix jours avant la date prévue pour son mariage avec Lauren Bacall.

Bien que leur producteur commun, Jack Warner, leur ait offert une Buick, en cadeau de noces, ce fut un mariage très familial, dans l'Ohio, pays de la mère de Lauren.

Cette petite dame très gentille, maintenant qu'il était divorcé, acceptait tout à fait son futur gendre.

Un mariage très traditionnel. Sans sourd, ni muet. Sans crise de fou rire. Sans catastrophe. Sans soûlerie organisée. Lauren, très émue, tremblait. Par superstition, elle ne voulut pas voir Bogie avant la cérémonie. Cela se passa dans la ferme de l'écrivain Louis Bromfield, voisin de Mme Bacall mère. Lauren avait un tailleur blanc, qui soulignait ses longues jambes, ses cheveux blonds glissaient comme une cascade. Bogart avait un léger costume gris, un œillet blanc à la boutonnière.

Avant la cérémonie, Bogie attendit devant la porte de la chambre de sa fiancée. Maman Bacall lui tenait les mains, émue. Déjà, Bogart avait envie de pleurer ! Enfin la porte s'ouvrit. Elle apparut,

avec un bouquet d'orchidées blanches à la main.
Elle tremblait.

Bogie avait l'air vulnérable et beau. On aurait dit
un jeune homme. Il prit la main de Lauren.

Le juge Herbert L. Schettler les attendait dans
le grand salon, avec tous les invités. Un ami jouait
du piano. Il y avait une atmosphère de famille,
avec même une vieille cuisinière qui, dans l'entre-
bâillement d'une porte, pleurait de joie.

Quand le juge demanda son consentement à
Bogart, il dit oui d'une voix ferme, claire. Emue
mais nette. Il savait que c'était son plus beau
mariage. Il savait que c'était le seul : le dernier.

Les orchidées dans la main de la mariée tremblaient à en perdre leurs pétales.

Lauren tendit la joue à son mari. Elle sentait le
bonheur.

Ce fut une journée délicieuse et calme. Le soleil
du Midwest resplendissait. Il y avait une odeur de
blé, légère.

On prit des photos. Le champagne... Comment,
se disait Bogie, ai-je pu vivre sans elle ? Lauren
pensait la même chose. Ils resteraient ensemble,
désormais, jusqu'à ce que la mort les sépare. Il y
avait des chiens, des enfants qui couraient, endi-
manchés, des fleurs, des gros gâteaux, des vieilles
dames avec des chapeaux. Le calme, la sérénité.
Enfin Bogart arrivait dans un port plein de fleurs.

Les jeunes mariés firent une tournée aux Etats-

Unis, pour leur voyage de noces. Partout on applaudissait le couple le plus célèbre du cinéma. Le couple du *Port de l'Angoisse,* du *Grand Sommeil.*

Les photographes filmaient la joie de vivre. A New York, sortant d'un cocktail en leur honneur, les amoureux croisèrent Helen Menken, la première femme d'Humphrey. Elle avait vieilli et grossi. Elle murmurait, sans s'arrêter :

— Maintenant, tu seras heureux en amour, Bogie...

X

Le bonheur. Ils s'installèrent à Garden of Allah. Il avait déjà vécu des moments de tendresse comme ceux-là, avec Mary, mais à une époque difficile, où il doutait de lui, où il n'avait pas réussi son rêve d'acteur. Aujourd'hui, non seulement il atteignait la célébrité, la renommée, la reconnaissance, non seulement il était classé parmi les plus grands acteurs américains vivants, non seulement il était riche, mais en plus, soudain, il trouvait ce bonheur, cette tranquillité, cette émotion retenue de la vie avec Lauren. Le repos, oui. Un nuage rose — Lauren était parfaite, en tout. D'humeur égale, toujours présente, toujours disant la vérité.

La Maison des Bogart, qui en d'autres temps avait été un cyclone, devint un havre de paix. Des amis, nombreux, séduits par le charme, la présence de Lauren, venaient.

Quelques mois après leur mariage, ce fut Noël. On fêta cela dans la joie. Tous les amis étaient présents, tous les grands acteurs d'Hollywood, réunis là, parce que c'était chez les Bogart qu'on se sentait le plus à l'aise.

Il y avait là Oscar Levant, Judy Garland, Peter Lorre, et même Groucho Marx, aussi insolent à la ville qu'à l'écran.

Il y avait un sapin de Noël, avec des cadeaux multicolores. On servit du champagne. Puis ce fut le moment des cadeaux.

Et tout ce monde défit les ficelles et les papiers. Et qui s'exclamait ! Et qui riait ! Bientôt il y eut des amas de papiers partout. Lauren cherchait un paquet pour elle ; et ne le trouvait pas. Elle avait beau retourner les papiers abandonnés, se prendre les pieds dans les rubans, rien ! Elle ne doutait pas un quart de seconde que Bogart lui ait fait un cadeau, et pourtant... Elle le regardait à la dérobée. Il semblait sourire, mine de rien.

Quand tout le monde eut fini de s'exclamer, elle resta immobile, juste un peu triste. Lui s'efforçait de ne pas sourire : grande brute il était, grande brute il se devait d'être. Elle ne put y tenir, et tourna les talons. Les larmes aux yeux.

Il la rattrapa au vol, juste comme elle sortait. Il la prit par le bras.

— Eh ! lui dit-il, où vas-tu ?

Et, d'une main sûre, qui ne tremblait pas, il lui tendit un paquet enveloppé d'un sale et vilain papier banal. Elle s'arrêta net. Elle prit le paquet, avec un regard qui vibrait aux étoiles. Dedans, un étui à cigarettes en or. Sur l'étui, il y avait gravé ces mots : « Pour madame Moi qui n'aura jamais à siffler pour appeler Bogie. »

Un silence immense. Et voilà que, arrondissant les lèvres, elle siffla doucement... Bogie se mit à rire. Autour d'eux, on riait aussi.

Ce fut un beau Noël.

Et la vie continua. Mary Smith, la cuisinière, et Aurelio Salazar, le jardinier, aidaient Lauren dans son rôle de maîtresse de maison. Un soir, elle dit à Bogie :

— Cette maison est trop petite, je pense.

— Trop petite pourquoi ?

— Trop petite. Et puis, j'ai envie de m'éloigner un peu d'Hollywood. C'est trop bruyant.

— Trop bruyant, pour qui, pourquoi ?

— Trop bruyant. Pour des enfants, par exemple.

— Des enfants, quels enfants ?

— Des enfants, répondit tout simplement Lauren.

Bogart fut étonné. Puis n'y pensa plus. Sans doute ne voulait-il pas comprendre.

Lauren trouva une maison dans Benedict Canyon, un peu en dehors de Los Angeles. Dans la campagne. Il y avait tout ce qu'il fallait pour être heureux : huit chambres, une piscine et même une basse-cour.

A la même époque, Bogart acheta le *Santana,* un yacht de course, beaucoup mieux que son ancien petit yacht de douze mètres de long. Tous les week-ends, il partait vers la mer. Lauren l'accompagnait souvent.

Il continuait à tourner ; c'était son métier, sa passion. Avec Lauren il tourna *Les Passagers de la Nuit.* Lauren était aussi célèbre que lui. Ils formaient un véritable couple, travaillant tous deux — aucun ne lésait l'autre. C'étaient des professionnels, responsables. Début 1947, il y eut une enquête, menée par J. Parnell Thomas, de la commission des activités anti-américaines, pour élaborer une liste noire, avec les noms de tous les gens de cinéma qui avaient plus ou moins des idées de gauche. La chasse aux sorcières. Beaucoup, dans le monde du cinéma, protestèrent contre cette mesure, signèrent des pétitions : Judy Garland, Burt Lancaster, John Huston, Danny Kaye. Et Lauren Bacall et Humphrey Bogart. Néanmoins, Bogie et Betty touchèrent peu à la politique. Ils vivaient une vie heureuse, en marge. Dans un petit monde merveilleux. Les acteurs d'Hollywood passent la vie les uns chez les autres. Et quand ils ne tournent pas, ce sont de douces vacances.

Bogie avait toujours pensé que le bonheur c'était : « un mariage heureux, un métier stable et un bon bateau ». Il avait tout ça, maintenant.

Sa vie, aujourd'hui, était pleine d'optimisme. Le

radieux sourire de Betty dissipait tous les nuages, tous les nuages passés, présents, même s'il se levait du pied gauche. Ses yeux de velours chassaient toutes les ombres.

Bien des fois, il rentrait épuisé d'une journée de travail. Enervé, il se sentait prêt à tout casser. Les tournages mettent très souvent les nerfs à l'épreuve : les attentes, les scènes à recommencer, et encore à recommencer, parce qu'un éclairage n'est pas bien placé, parce qu'un cameraman s'est pris les pieds dans les fils lors d'un travelling, oui il faut une énorme patience.

Quand Bogie rentrait ainsi, dans cet état, il lui suffisait d'apercevoir sa « baby », les bras croisés, un pli mi-tendre, mi-ironique au coin des lèvres, et aussitôt, comme par enchantement, sa fatigue disparaissait, ses nerfs se détendaient lentement, un bien-être, une chaude douceur l'envahissaient.

Il y a de grands arbres autour de la maison, un grand jardin entouré d'une barrière de bois blanc. L'été, pour mieux se détendre après le travail, Bogie plonge dans la piscine ; Lauren vient le rejoindre. Elle porte un short gris-vert, un chemisier blanc, et des nu-pieds lacés jusqu'au mollet. Elle sèche Bogie, lui frotte le dos. Près de la piscine, il y a un ping-pong. Les grands arbres, autour, sentent bon la résine.

C'est Betty qui s'occupe de tout, dans la maison.

Elle choisit les costumes de Bogart — il se laisse faire, attendri !

Ils se disputent rarement. Sauf sur deux points : Betty est souvent en retard. Lorsqu'ils sont invités à déjeuner ou à dîner chez des amis, Bogie est obligé d'avancer, très discrètement, les horloges de la maison, sinon, ils arriveraient chez les hôtes après la fin des repas. Souvent il lui fait des remontrances, mais à mi-voix, tendrement : peut-on gronder quelqu'un d'aussi merveilleux ?

Le deuxième point de dispute : très souvent, le soir, Bogie fume au lit ! c'est une manie qui ne lui passe pas. Et cela énerve Lauren, car très souvent la cendre de la cigarette ou de la pipe tombe sur les draps, les salit... les brûle ! Betty le gronde, mais elle aussi si tendrement.

Il y eut du soleil tout le temps, ces années-là.

Ils jouaient au ping-pong, au golf. Lauren fit aménager un tennis. Les architectes pensaient que jamais un terrain de tennis ne pourrait tenir là où Betty voulait qu'il soit. Mais elle s'obstina, et eut raison : le tennis était formidable.

Douceur, gentillesse, obstination. C'est elle qui s'occupe de la gestion de leur villa de Benedict Canyon. Pour la seconder, il y a un serviteur noir, du nom de Nathanaël, jeune et courtois, dévoué à ses « maîtres » qui sont si gentils avec lui. Quelquefois, il apporte le petit déjeuner au lit à

Humphrey, tôt le matin, avant qu'il parte aux studios, en disant :

— Milord est servi !

Comme pour se moquer un peu. Ils rient tous les deux.

Ils sortent peu ; vont rarement au cinéma, au théâtre — ils sont si heureux, si tranquilles dans leur petit nid. Par contre, beaucoup d'amis viennent les voir — la maison est bien souvent remplie : Judy Garland, Ida Lupino, Peter Lorre, le vieux complice. Ils parlent. Se délassent. Bogart boit de moins en moins. Tout va si bien, tout est si beau ! Mais il ne veut pas que sa légende de grand buveur disparaisse. Et très souvent, quand les amis sonnent à la porte, il se précipite sur une bouteille de bourbon, remplit un verre, et les reçoit le verre à la main. Lauren sourit de ces enfantillages de Bogie.

Bogie n'aime pas aller au restaurant. Quand il part le matin très tôt, Betty lui prépare un casse-croûte, des sandwichs et des œufs durs — les œufs durs, c'est sa passion. Elle enveloppe ce casse-croûte dans beaucoup de papiers.

Son seul grand plaisir culinaire est d'aller « chez l'Italien », une gargote tout près des studios, où il déguste une autre de ses passions : des spaghetti à la bolognaise, du moins à la bolognaise façon américaine, avec beaucoup de sauce tomate et des foies de volaille écrasés.

Le soir, quand il n'y a pas trop d'amis, il joue au tennis avec Betty. Dans le grand jardin, il y a une pelouse qui sert de terrain de golf. Puis il se livre à un petit vice : une partie d'échecs. Il n'a jamais abandonné les échecs, qui lui ont permis de vivre autrefois. Il reste fidèle à ce qui fut son gagne-pain. Il y joue seul, maintenant, avec des livres qui posent d'ardus problèmes : il place les pièces sur l'échiquier, et essaie de trouver la solution. Il y passe des heures. A côté de lui, il y a les chiens. Les Bogart ont trois chiens, dont un boxer qui s'appelle Harvey.

Lauren adore les noix. Dans un large et profond plateau de cuivre, il y a des noix. Lauren est allongée sur un canapé bleu devant une fenêtre — on entend le bruit lent des arbres. Un lampadaire de bambou diffuse une douce lumière jaune.

Lauren minaude :

— Bogie chéri, tu n'as pas envie que je mange des noix ?

Amoureux, Bogie se lève, et casse une noix pour sa Betty. Elle la mange goulûment.

Et voilà Bogie occupé toute la soirée à casser des noix ; il a beau aller vite, dès qu'il en a cassé une, hop, c'est avalé !

Oui, il y eut beaucoup de soleils, ces années-là.

Les Bogart étaient des personnalités. Sans cesse, des journalistes voulaient les interviewer. De cette époque-là date la « légende de Bogie » qui

enflamma la jeunesse américaine. Le dur sentimental. Sentimental, il l'était et de plus en plus.
Dur ? Dans ses films, dans ses rôles, sans doute.
Mais absolument pas dans la réalité, bien que
souvent, devant des journalistes, pour justement
accréditer sa légende et ne pas décevoir ses admirateurs, il jouait au dur, disait des phrases cyniques
et sèches, prenait sa tête d'enfant buté.

Ces années-là, ces années de soleil, il tourna des
chefs-d'œuvre comme *Le Trésor de la Sierra
Madre,* sous la direction de John Huston, et *Key
Largo,* avec Lauren. Oui, vraiment c'était la
maturité d'un grand amour et d'une carrière
commune. Leurs deux noms se gravaient ensemble
dans le firmament des stars d'Hollywood.

Mais de cette gloire, ils se cachaient souvent. Se
réfugiaient dans leur tendresse, dans leur complicité de couple idéal.

Un soir, à la fin du tournage de *Key Largo,* ils
étaient seuls. Bogart, avec un pantalon blanc et une
veste de laine, jouait aux échecs ; un problème
compliqué. Un drôle de problème compliqué.

Deux chiens noirs, à côté de lui, bâillaient.

La nuit tombait. Dans la cheminée, un feu
s'endormait un peu.

Lauren tripotait les noix. Mais elle semblait
penser à autre chose. Bogie attendait la phrase
rituelle qui l'obligerait à se lever, à casser les noix.

Mais Lauren ne prononça pas cette phrase habituelle. Elle dit :

— On a bien fait de prendre une maison plus
grande.

— Oui, répondit distraitement Bogie...

— Tu ne vois pas pourquoi on a bien fait de
prendre une maison plus grande ?

— Si. Parce qu'elle... parce qu'elle est plus
grande !

— Et tu ne vois pas d'autres raisons plus
intelligentes ?

Faisait-il semblant de ne pas comprendre ? Ou
bien est-ce que c'était vraiment un problème trop
compliqué ?

Alors Lauren lâcha le morceau. Nette et précise
comme d'habitude :

— Je suis enceinte, Bogie.

Le cœur de Bogie s'arrêta de battre. Il devint
blanc.

— Tu plaisantes ?

— Je ne plaisanterais pas avec ça, Bogie.

Il balbutia une phrase qui fit bien sourire Betty :

— Mais... pourquoi ?

Il avait soudain très peur. Il ne savait plus que
faire. Il tremblait. Il ne pouvait pas dire à Betty
qu'il avait peur des bébés, qu'autrefois avec
Mary...

Il ne pouvait pas dire à Betty que pour lui elle
était une petite fille, et qu'une petite fille ne

pouvait pas avoir d'enfant, comme autrefois avec Mary...

Il ne savait pas quoi dire. Cette perspective l'affolait complètement. Il bredouillait n'importe quoi :

— Mais tu vas avoir mal, ma chérie !

— Pourquoi ? j'ai vingt-trois ans, on peut avoir des enfants à cet âge-là, non ?

Elle répondait à l'avance à toutes les angoisses de Bogie. Elle le connaissait si bien.

Et pourtant, il tremblait, perdu, Bogart ! Lauren, son baby, accoucher ? Non, ce n'était pas possible.

Avec elle, il pouvait tout dire. Il avoua :

— J'ai peur.

— De quoi ?

— L'accouchement... tout ça.

— Allons, allons, ne fais pas l'enfant, futur papa. Des millions de femmes font tous les jours des enfants et tout se passe très bien.

Avec elle, tout était si clair, si net, si simple. Ses mains allaient et venaient, son cœur battait trop fort. Ses idées étaient floues.

Il avoua encore :

— Mais, tu sais, jamais je ne pourrais tenir un enfant dans mes bras, je ne saurais pas, non, je serai un père abominable... non, non, je ne veux pas...

— Allons, allons, des millions de pères chaque

jour ont peur de ne pas savoir s'y prendre, et finalement s'y prennent très bien. Tu feras comme eux, c'est tout.

Poussé dans ses derniers retranchements, il avoua enfin :

— Et puis tu vas m'abandonner !

— Comment ça, t'abandonner ?

— Tu vas aimer cet enfant, tu vas m'abandonner, tu vas ne t'occuper que de lui... Et moi, alors ?

Elle ne se fâcha pas, elle sourit, parla très lentement :

— Mais enfin, qu'est-ce que tu crois, Bogie ? Tu sais quand même qu'il y a une différence entre un mari et un bébé ? Tu n'es pas mon enfant, je ne suis pas ta petite fille. Vraiment tu ne sais pas ce que c'est que l'amour.

— Si, je le sais. Tu me l'a appris.

— Eh bien, tu as tout oublié, ce soir.

— C'est possible.

Il se levait, il marchait de long en large. Avec un mélange d'enfantine envie de pleurer et de rage butée.

— C'est possible. Mais j'ai peur. J'ai peur que tu ne m'aimes plus, après cet enfant.

Elle parlait toujours d'une voix calme.

— Bogie. Est-ce que tu crois que je ne peux plus t'aimer...

Il s'arrêta net. Comme percé d'une flèche. Soudain, à ces mots, toute son angoisse disparut.

Tout en lui rayonna d'un immense bonheur !
Oui, c'est vrai. Comment Lauren pouvait-elle ne
plus l'aimer ?

— Non, lui dit-il. Je sais que moi je ne pourrais
pas ne plus t'aimer. Et donc, toi, tu ne pourras
jamais ne plus m'aimer.

— Alors ?

Elle souriait, calme, patiente, attentive. Ses
cheveux blonds étaient réunis en chignon.

— Alors je suis un imbécile. C'est tout.

Il se précipita vers elle, la serra dans ses bras. Et
mit sa tête contre le ventre de Betty, sa Betty de
toujours !

— Pardon, pardonne-moi. Je suis ridicule.

Elle lui caressait les cheveux.

— Te pardonner quoi ? Te pardonner le bonheur que je vis avec toi ? Te pardonner de m'aimer ? Allons, sois sérieux, Bogart ! Te pardonner
de m'aimer quelquefois un peu maladroitement ?
Je n'ai rien à te pardonner, Bogie. Je t'aime, c'est
tout.

Le rayon chaud du bonheur caressait les épaules
de Bogart.

Il tentait d'entendre, l'oreille contre la poitrine
de Lauren, quelque chose, peut-être un autre cœur
qui battait. Mais il n'entendit rien d'autre que le
cœur de son amour. Qui battait pour eux deux.

— Tu ne crois pas que j'ai envie de manger des
noix ? demanda Lauren.

La vie continuait, merveilleuse.

Mais pendant huit mois, il fut plus inquiet, plus nerveux. Il essayait de cacher ses angoisses à Betty, de plus en plus radieuse. Mais au fur et à mesure que le ventre de sa femme s'arrondissait, il avait envie de s'occuper, de réaliser des choses, de travailler. Comme s'il se sentait aussi coupable d'être aussi inutile dans la conception de l'enfant.

Ainsi créa-t-il, soudain, sur un coup de tête, sa propre compagnie de production, la *Santana Production,* du nom de son bateau. Son producteur, Warner, vit cela d'un mauvais œil : il avait grand-peur que son poulain, sa vedette, lui échappe ! Et c'est ce qui arriva un peu.

Le 6 janvier 1949, il neigeait sur Hollywood. Lauren sentit de grandes douleurs. C'était le moment. Les mains de Bogart devinrent moites. Non, il n'allait pas s'évanouir. Il s'efforçait de montrer à Betty un visage souriant. Elle serrait les dents. Les contractions commençaient. Un taxi les mena à la clinique.

Il neigeait. Ce n'était plus la Los Angeles habituelle, c'était une autre ville, étrange, folle, disloquée, blanche. Je dois rêver, pensait Bogie. Mais il ne rêvait pas. Et Lauren qui souffrait encore plus. Il lui serrait la main. Il se sentait complètement inutile, parce qu'il ne souffrait pas. Il aurait tant voulu ressentir un peu ce que Lauren pouvait sentir, dans son ventre. Mais elle serrait les dents. Respirait de façon courte et oppressée. Il se sentait vraiment en trop. Il murmurait :

— Lauren, je t'aime, je t'aime... je suis là !

Mais à quoi cela pouvait-il bien servir ? Ce qu'il craignait arrivait : Lauren ne pouvait plus lui parler, ne communiquait plus avec lui. Il avait beau en connaître les raisons, il ne pouvait s'empêcher d'en souffrir.

Et puis cette neige. Et puis cette ville qu'il ne connaissait plus. Le ciel de plomb, à la fois noir et lumineux...

Et puis cette clinique. Ces murs blancs, blancs comme la neige dehors. C'était un éblouissement constant. Lauren partit, des infirmiers la portaient presque. Elle serra néanmoins le poignet de son mari, eut un sourire de souffrance, lui murmura :

— Tout à l'heure nous serons de nouveau heureux... tous les trois !

Tous les trois ! Le cœur de Bogart se serrait. Il avait froid. Pourvu que je rêve, se disait-il.

Ça sentait l'éther. Autour de lui, il y avait des brouhahas. Des journalistes, des photographes, avertis par on ne sait quelles ondes mystérieuses, et qui l'entouraient :

— Monsieur Bogart, qu'est-ce que ça vous fait d'être bientôt papa ?

— Monsieur Bogart, vous voulez un garçon ou une fille ?

Il les regarda d'un air profondément indifférent.

Parut soudain réaliser leur présence. La neige !
L'accouchement. Il voulait être seul. Une rage lui
fit trembler le menton :

— Foutez le camp. Barrez-vous.

Il dut vraiment avoir l'air méchant : la meute
des journalistes s'enfuit, sans poser d'autres ques-
tions. On le mena dans une salle d'attente.

Des fourmis lui traversaient le corps. Son estomac se serrait. Il avait peur, si peur ! Une sueur
froide coulait sur son dos.

C'était une salle carrée, blanche. Des fauteuils
trop bas et ridicules la peuplaient, comme un
désert. Ça sentait toujours l'éther. Sur une table
trop basse, des revues. Il tenta d'en feuilleter une,
mais ne put rien lire. Il avait mal, mal au ventre.
Dehors la neige. Il se levait. Marchait de long en
large.

Je veux ma Betty. Où elle est ma Betty ? Ils vont
lui faire mal, cet enfant va lui faire mal. Je veux ma
Betty. Si elle a mal, je me tue. Si elle meurt, je serai
déjà mort.

Soudain une porte s'ouvrit.

Le cœur de Bogie s'arrêta de battre.

C'était un infirmier, avec une blouse blanche.

— Monsieur Bogart, vous ne me reconnaissez
pas ?

Mais les yeux d'Humphrey battaient tellement
qu'il ne pouvait distinguer les traits de l'infirmier.

— Je vous ai rencontré, il y a beaucoup d'an-

nées. Je mangeais une glace à la crème, dans un
bar. Vous veniez de recevoir un coup. Vous vous
rappelez ?

Bogart se rappelait. Une époque très dure de sa
vie. C'est ce gamin qui lui avait permis de jouer au
échecs, de gagner sa vie avec ça — et finalement de
réussir...

Il fit oui avec la tête. Il n'arrivait pas à parler.

Le jeune homme continuait à parler. Bogart le
voyait mieux, maintenant. Il était un peu gras. Pas
étonnant, un amateur de crème fraîche...

— Oui, vous vous en souvenez. C'était à New
York ! Et maintenant, je suis devenu infirmier
dans cette maternité de Los Angeles. On a suivi le
même chemin, tous les deux, finalement. New
York, Los Angeles. Je vous ai suivi. Je vous ai
reconnu. J'ai vu tous vos films.

Bogie lui fit un sourire crispé. Son estomac se
détendait un peu. Il avait besoin d'un ami. Et cet
ami était là. Un ami qui comprenait tout.

— Je vous aime bien, continuait le jeune infirmier. J'ai compris pas mal de choses. Je crois que
c'est grâce à moi, tout ça. Tout ça je veux dire,
votre réussite.

Bogie fit oui de la tête. Ça ne se voyait pas trop,
mais il lui souriait vraiment, à cet amateur de
crème fraîche. Il ne pouvait pas encore parler, mais
il se détendait, son cœur ralentissait son rythme.

— Et je crois que je comprends pas mal de

choses, maintenant. On a beau aimer une femme, un bébé, quel qu'il soit, c'est une troisième personne, n'est-ce pas, monsieur Bogart ?

— Oui, dit Bogart.

— Et on a beau avoir l'air très sûr de soi, au cinéma, dans la réalité, on est comme tout le monde, avec autant de peur et d'envie de pleurer. On a beau savoir son rôle, au cinéma, dans la vie, on ne le connaît pas. Et on se trompe de réplique, souvent. Et on sait pas comment va se terminer la scène.

— Oui, dit Bogart.

— Et vous êtes en train de vous demander très sérieusement comment un petit malin comme vous va se débrouiller avec un gosse dans les bras.

— Oui, dit Bogart.

— Et vous aurez certainement l'air ridicule, avec un gamin dans les bras, hein m'sieur Bogart ?

— Oui, dit Bogart.

— Mais, malgré tout, vous savez très bien que, finalement, vous n'aurez pas l'air ridicule. Comme tout le monde. Comme tous les papas. Car vous êtes comme tout le monde, même si on vous reconnaît dans la rue.

— Oui, dit Bogart.

Maintenant, il respirait, et son sourire éclatait presque sur son visage.

Son ami, l'amateur de crème fraîche, ouvrait la porte pour repartir. Bogart le regrettait. Il ne voulait plus être seul. Quand soudain, l'infirmier, presque négligemment, dit :

— A propos, vous êtes papa d'un petit garçon. Et la maman se porte comme un charme !

Il courait Bogart, il courait dans les couloirs blancs, odeur d'éther, plus vite, encore plus vite ! il pensait : cette « crème fraîche » vient de me sauver la vie une seconde fois ; il courait. La chambre. Lauren. Des infirmières. Une chose qui criait. Il embrassait Lauren. Elle reposait. Elle lui cligna de l'œil, comme une copine qui vient de jouer une bonne farce. Le bébé... Bogart tendit ses bras. Mais une infirmière l'emmenait. Puis Lauren lui prit la main. Il prit la main de Lauren. L'embrassait. L'embrassait. A y dormir dedans. Oh ! Lauren ! Et puis les amis, les fleurs, les photographes.

Ils appelèrent leur enfant Stephen. Leur enfant.

Pendant quelques jours, Bogart n'osa pas toucher son bébé. Il faut dire que ni Lauren, ni la nurse, ne lui en laissaient tellement l'occasion. Devant Stephen, porté et câliné par tout le monde, de la belle-maman à la cuisinière, en passant par les amis, il restait les bras ballants, ne sachant pas très bien où se poser. L'air très gêné. Il sentait son corps de trop.

Puis un matin, Lauren se réveilla, dans leur maison de Benedict Canyon. Elle ne sentit pas son Bogie à côté d'elle. Où était-il ?

Machinalement, elle brancha l'interphone qui la

reliait directement à la nursery. Voulut appeler la nurse, pour savoir si tout allait bien. Mais entendit le dialogue suivant :

Bogart : Dites, mademoiselle, vous pouvez me laisser seul un instant ?

La nurse : Ah, oui... faites attention... Vous ne voulez vraiment pas que je reste ?

Bogart : Non. Non. Laissez-moi.

La nurse : Bien.

Bruit de porte. Silence.

Bogart : Enfin seul, mon vieux. Plus personne. Je vais enfin pouvoir te toucher tranquille... te prendre dans les bras... là, là, pleure pas, je suis ton papa, mon petit gars... là... tu vois que moi aussi je sais te prendre, si je veux... là... là... je suis ton papa, fiston... Dis-moi bonjour... Tu me dis pas bonjour... Eh bien moi je te dis bonjour, entre nous, entre hommes, comme des copains, des copains qu'on sera... Salut, Stephen ! Bienvenue à la maison.

XI

Le bonheur. Bogart avait cinquante ans. Son visage était plus marqué, ses rides plus profondes. S'accusaient ses traits. Ses cheveux se clairsemaient. Il buvait beaucoup moins. C'était maintenant un homme sage, qui connaissait la tranquillité, le bonheur.

Il s'amusait très souvent avec son fils.

Le bonheur continuait à Benedict Canyon. Un bonheur qui maintenant ne serait plus perturbé. Il voyageait avec Lauren. C'était un couple installé. Un couple parfait. Jamais ils ne se trompèrent. Toujours ils se dirent tout. Rarement ils se disputèrent. Le calme, désormais, la facilité. Disons la maturité. C'était vraiment un mariage d'adultes.

Quelquefois, du fond du passé de Bogie, resurgissait un frémissement de ces fêtes d'antan, de ces fêtes malheureuses, de ce désordre.

Au cours d'un voyage à New York, Bogie amena Lauren au *Dizzy Club*; il y retrouva des vieux copains. Oh ! les choses n'avaient pas tellement changé, malgré les années. Les lampes vertes reflétaient toujours leurs couleurs d'aquarium. Jim, le barman, n'était plus là ; c'était son fils qui le remplaçait — lui, il s'était retiré à la campagne, riche de pourboires. Son fils s'appelait Jim junior. Finalement, rien ne changeait.

Là, ils rencontrèrent des amis new-yorkais de Bogie, comme Billy Seaman, qu'il avait connu au cours de son enfance dans les rues de cette ville, cette ville qui lui semblait vieille, aujourd'hui, délabrée — mais d'un charme abandonné.

Bogart et ses amis burent. Lauren les regardait, comme des êtres étranges. Elle détestait les soûleries, elle sentait qu'il en commençait une !

Ils se racontaient des vieux souvenirs, Lauren Bacall bâillait. Cela ne l'intéressait pas. Tout cela, finalement, pour elle, c'était d'une autre génération, celle d'avant la guerre en Europe. Elle, sa vie, c'était la nouvelle Amérique des années cinquante. Elle avait l'impression de lire un vieux livre des années trente.

Mais voilà, Bogie se retrouvait dans un monde qui avait été le sien. Et s'y laissait aller. Elle savait qu'il en avait besoin, que c'était pour lui une soupape, de temps en temps : le passé qui revenait et qu'il fallait laisser aller.

Dans ce cas-là, Lauren comprenait et se retirait. C'est ce qu'elle fit ce soir-là.

— J'ai sommeil, dit-elle tout à coup, très simplement, très gentiment.

Bogie lui attrapa la main.

— Reste, oh ! reste !

— Non. Tu sais très bien qu'il ne faut pas que je reste. Je te laisse avec tes vieux copains. C'est le moment où nous devons être des amis, et pas des amoureux.

Bogie cligna de l'œil. Il savait bien que ces moments où il renouait avec les fêtes de son passé lui étaient importants, nécessaires. Il fut encore, oui encore, émerveillé de sa femme. Comment faisait-elle pour tout comprendre ?

Et Lauren partit.

— Ta femme est formidable, disait Billy Seaman.

Bogart le regarda d'un œil froid. Il avait vieilli, Billy. Il était presque chauve, et il bedonnait. Un instant, Bogie pensa à un autre Billy, Billy Brady. Quelle tête aurait-il, aujourd'hui, s'il vivait encore ? D'ailleurs quelle tête avait-il réellement, aujourd'hui qu'il était mort ? Bogart frissonna : un squelette. Un squelette, sans paroles. Pour effacer ces idées, il répondit vertement à Seaman :

— Ce n'est pas ma femme. J'ai eu des femmes. J'ai mal vécu avec elles. Ça, c'est Lauren Bacall. C'est une femme que j'aime, avec qui je vis, avec qui je partage tout. Ce n'est pas *ma* femme.

Et puis il y eut d'autres verres.

Et puis il y eut d'autres souvenirs.

Et puis encore d'autres verres. Mais Bogie ne supportait plus aussi bien l'alcool.

A quatre heures du matin, il frappa comme un sourd à la porte de la chambre de l'hôtel. Lauren se réveilla en sursaut. Alla ouvrir.

— Mais, c'était ouvert, pourquoi as-tu frappé ?

Bogie essayait de marcher droit. Il pensait, dans la mesure où il parvenait encore à penser : pourvu que Betty ne remarque rien, pourvu qu'elle ne remarque pas que je suis soûl comme... comme quoi, d'ailleurs ? Mais Lauren, d'un seul regard, remarqua tout.

Elle remarqua aussi deux pandas en peluche dans les bras de son mari :

— Qu'est-ce que c'est que ça ?

— Ça ? Ça c'est deux pandas en peluche.

— Oui, je vois bien. Mais d'où viennent-ils ?

A vrai dire, il ne se rappelait plus du tout où il avait pu trouver ces deux ridicules pandas en peluche.

— Eh bien, eh bien...

Il essaya d'inventer, mais ne découvrait rien de très valable. Sa seule obsession, sa seule pensée : marcher droit ! Il marcha tellement droit qu'il buta sur le lit et s'y écroula.

Maintenant qu'il ne pensait plus à marcher, il pouvait réfléchir tranquillement à cette histoire de

pandas. Il creusa la marmelade de sa tête pour
inventer quelque chose de cohérent :

— C'est un Indien, un grand Indien sioux qui
me les a donnés... Tiens, il me les a donnés pour
toi. Les voilà !

— Qu'est-ce que c'est que cette histoire d'Indien sioux ?

— Non, c'était pas un Indien, c'était...

— C'était que tu es complètement soûl.
Couche-toi.

Personne n'est plus logique qu'un ivrogne à
quatre heures du matin :

— Je suis déjà couché.

— Alors, si tu es déjà couché : dors.

Il allait s'endormir, quand soudain des images
tournaient, tournaient dans sa tête : des hurlements, des rires, des coups de sifflets, des flics,
une bagarre, des explications, des choses étranges,
et même un commissariat de police... En s'endor-
mant, il murmura :

— Il y aura du grabuge, du grabuge, bientôt...

Du grabuge ! Lauren ne dormit pas de la nuit.

Effectivement, le lendemain matin, un représentant de la loi se présenta à l'hôtel, avec une
assignation devant le tribunal pour voies de fait,
pendant la nuit.

Ce fut pénible. Bogie ne savait pas quelle
contenance prendre devant les juges. Mais il était
célèbre. On ferma les yeux.

Alors Bogart, maintenant, comprenait quel était son bonheur avec Betty. Ce bonheur, il ne fallait pas le perdre, surtout pas ! Et soudain, il avait peur d'avoir tout gâché.

Vite il retourna à l'hôtel. Et si Lauren, dégoûtée, était partie ? Et s'il se retrouvait de nouveau seul ?

Son cœur battait. Il murmurait, comme par superstition devant la porte : Oh ! Lauren Lauren pardonne-moi. Et si elle n'était pas... Soudain, Bogie se sentit un vieux monsieur ridicule. Un vieil imbécile, qui vivait le plus grand des bonheurs et qui le cassait. Il avait beau être l'acteur le plus célèbre d'Hollywood, il n'en était pas moins un foutu imbécile. N'avait-il pas fait le malheur d'Helen, puis de Mary ? Il restait là, dans le couloir, sur la silencieuse moquette, devant la porte numéro 36... 36, certainement un très mauvais numéro. Il n'osait toujours pas entrer. Puis il respira très fort, ouvrit la porte.

Mais déjà il entendait des larmes... Déjà il entendait un cri :

— Oh ! c'est toi, c'est toi, mon chéri !

Déjà il sentait des bras l'embrasser.

— Oh ! j'avais si peur qu'ils te gardent.

Il ouvrait les yeux, Bogie. La chambre était là, avec ses deux lits, ses appliques lumineuses, sa table anonyme, et la Bible sur la table de nuit. Et quelques fleurs, offertes la veille par des admirateurs. Oui c'était bien leur chambre. Et c'était bien

Lauren, sa Betty, là, devant lui, en robe de chambre blanche, les yeux gonflés de larmes. Comment cela pouvait-il être réel ? Comment cela pouvait-il résister à ce qu'il avait fait dans la nuit ?

— Mais... pourquoi tu es là... pourquoi ?

— Comment pourquoi ?

— Après ce qui s'est passé... oh ! je n'ai pas tout cassé, dis-moi, je n'ai pas tout cassé ?

— Mais pourquoi crois-tu... Quelle idée, quelle idée ?

— Je suis lamentable, Lauren, lamentable.

— Baby, je suis ta Betty, ta petite Betty, ta longue et grande Betty, comment pouvais-tu penser que je partirais, que je t'en voudrais.

Il lui embrassait les mains, il serrait sa tête contre son ventre.

— Je ne comprends pas. Je ne comprends pas comment on peut m'aimer comme ça. Enfin si, je comprends : je me serais tué si tu étais partie. C'est vrai, tu sais, c'est vrai.

— Et moi je comprends que peut-être tu trouves notre bonheur trop simple et que tu as envie de le compliquer un peu. Tu trouves peut-être notre vie trop tranquille et tu as besoin de drames, de temps en temps, pour être sûr que je t'aime, pour être sûr que tu m'aimes.

— Oh ! non, Betty, je n'ai plus besoin de rien, je n'ai besoin que de toi, de toi... Comment fais-tu pour tout savoir ? J'ai l'impression d'être si maladroit, si stupide.

— Mais non... simplement tu as eu une vie plus difficile que la mienne. Tout est si simple pour moi : je connais Humphrey Bogart et je l'aime. C'est si simple. Il m'a tout appris : la tendresse, les faiblesses, la franchise, et aussi la joie — il m'a appris le bonheur. Mais toi, tu n'as jamais rencontré d'Humphrey Bogart qui t'envoyait des fleurs pour l'anniversaire de tes vingt ans.

— J'ai fait bien mieux que de rencontrer un Humphrey Bogart, tu sais, Betty. J'ai rencontré Lauren Bacall, et c'est beaucoup mieux qu'un Humphrey Bogart.

Alors Bogie vivait complètement son bonheur. C'était un bonheur solide. Il se demanda s'ils étaient beaucoup, en ce monde, à vivre un tel bonheur.

Et la vie continua à Benedict Canyon.

Le bonheur, oui. Ils continuaient à parcourir le monde.

En 1950, il y eut le tournage d'*African Queen*. Un séjour en Afrique, un tournage dangereux, des serpents, des scorpions, des aventures à n'en plus finir : ils ne se quittaient pas. Bogie était la main qui se tendait vers Lauren. Lauren était les genoux où reposait la tête de Bogie.

Et les réceptions, les séances d'autographes, Londres où ils furent assaillis par la foule, Paris...

Et leur nid de Benedict Canyon.

Et leur petit Steve, qui se pend aux basques de Bogie. Il se hisse sur ses genoux, et il marmonne en tripotant les lunettes de son papa. Il balbutie, Bogie ne comprend pas, mais il est heureux, ce sont certainement des paroles d'amour.

Quel dommage que Stephen ne puisse pas grandir de trois ans tous les douze mois. Bogie aimerait beaucoup ne pas attendre son soixante-dixième anniversaire pour pouvoir se mesurer au tennis, au golf, ou aux échecs avec lui.

En 1952, Betty est de nouveau enceinte. Bogart connaît un peu les mêmes angoisses, mais c'est déjà un papa habitué, maintenant. Lauren accouche d'une petite fille. Elle s'appelle Leslie.

Oui, le bonheur. La tranquillité.

Un week-end, ils allèrent sur le *Santana*.

Le Pacifique. Les grandes vagues. Les embruns. Et les balancements auxquels Lauren était habituée, maintenant.

Devant eux, la mer, infinie. Les vagues, de plus en plus loin.

Ils parlaient, lentement. Les écumes des vagues les fouettaient, doucement. Ils portaient des anoraks avec des capuchons ; Lauren un rose, Bogie un bleu. Le Pacifique autour d'eux, et le soleil, l'immensité. L'éternité, peut-être...

— Tu me supportes, murmurait Bogie.

— Je ne sais pas pourquoi cette légende que tu

es insupportable. Tu es le plus merveilleux des
hommes.

— J'ai longtemps été insupportable.

— C'est parce que tu n'aimais pas.

— Sans doute, sans doute.

Et les vagues murmuraient. Mais quoi ? Tout
était bleu, vert, et le ciel se reflétait dans les
écumes. Le vent les aimait, eux qui s'aimaient.

— Et pourtant, on n'a rien vécu.

— Mais. Mais si, tu sais, on vit tout. Tout ce
qu'il est possible de vivre.

— Tu as raison, c'est si simple, si simple.

— Et ce n'est pas fini, pas fini, tu sais. On n'a
vécu que quelques milliards de secondes, qu'est-ce
que c'est ? Rien !

— Et pourtant je suis vieux, tu sais.

— Chut, tais-toi !

— Non, non, Betty, il faut voir la réalité. J'ai
cinquante-deux ans. Toi, tu n'as même pas trente
ans.

— Qu'est-ce que ça fait ? Rien. Tais-toi, Bogie.

— Le bonheur ne dure pas toujours, tu sais.

— Si Bogie, si !

— Non, Betty. Je suis un vieux monsieur. Un
vieux monsieur qui est comblé par tout et qui te
comble, peut-être.

— Pas peut-être : qui me comble.

— Mais qui n'en reste pas moins un vieux
monsieur.

— Non, non, ce n'est pas vrai.

Les vagues, le ciel bleu. L'odeur du sel. Et les voiles claquaient dans le vent.

— Si, c'est vrai. Un jour je mourrai. Et tu seras encore jeune, toute jeune.

— Tais-toi, tais-toi.

— Si écoute-moi. Tu m'as appris la sincérité, la franchise. Laisse-moi dire...

— Je ne veux pas t'entendre.

Le vent sifflait. Le bateau se balançait. Une voile blanche sur le Pacifique.

— Tu m'as tout appris, Betty, tu m'as appris le bonheur. Laisse-moi t'apprendre que je vais certainement mourir avant toi.

— Tu casses encore, tu casses encore tout !

— Je ne casse rien, je t'assure que je ne casse rien, vraiment. Bien au contraire : je me rends compte de notre chance, et je voudrais que tu t'en rendes compte, au lieu de vivre ça comme quelque chose de très naturel, de trop simple.

— C'est simple, c'est naturel.

— Non, justement.

— Je ne veux pas t'écouter.

Mais le vent sifflait, les vagues murmuraient, le bateau gagnait le grand large : c'était la voix de Bogie.

— Depuis ce qui s'est passé à New York, tu t'en souviens, j'ai compris que le bonheur c'est pas si simple que ça : regarde, moi, il m'a fallu quarante ans pour l'atteindre. Attention, Betty : il ne durera pas toujours notre bonheur. Il faut le savoir.

— Je ne veux pas le savoir.

Le vent. Les vagues.

— Le temps passe vite, Baby.

— Qu'est-ce que tu veux dire ?

— Je veux dire que je t'aime. Que je t'aime, et qu'il faut que j'en profite, maintenant, seconde par seconde, vague par vague, comme un verre que l'on boit pour la dernière fois.

— Pour la dernière fois ?

— Tu es mon dernier et mon seul vrai amour, Betty.

— Tu es mon premier et mon seul vrai amour, Bogie.

Les vagues répétaient ses paroles, le ciel bleu, le ciel, le Pacifique immense, immense.

Ils étaient seuls au monde.

— Même si tu meurs, Bogie, même si tu meurs dans cinq minutes, tout ce peu de temps qui me restera à vivre avec toi sera l'éternité.

— L'éternité, oui. Depuis que je t'aime, l'éternité c'est chaque seconde.

— Chaque seconde. Y a-t-il des minutes et des secondes au milieu du Pacifique ?

— Il y a cette éternité de bonheur, que l'on vit, maintenant, plus tard. Mon bonheur, c'est de

casser des noix, pour toi, de te regarder marcher.
L'éternité. La douceur. Les yeux fermés.

— Ça durera.

— Ça durera le temps d'une vague. Le temps
d'un amour.

— Je t'aime pour toujours, Bogie.

— Moi aussi, Betty. A jamais.

Les vagues du Pacifique, aussi loin que l'œil
humain...

Il ne lui restait plus que cinq ans à vivre avec
Betty : l'éternité !

Un cercueil. C'est si bête. Le bonheur, et puis un cercueil.

Le jour de l'enterrement de Bogie, Betty n'y voyait plus rien. Des gens la regardaient, lui parlaient, la touchaient. Elle ne pleurait même plus.

Le bonheur se terminait si vite, interrompu, en queue de poisson. Comme si l'océan soudain s'arrêtait de s'agiter.

Elle demeurait là, dans le cimetière, appuyée contre un arbre. Devant ses yeux, passaient des ombres.

De la terre, petit à petit, tombait sur le cercueil.

Elle avait tant de souvenirs, tant de bonheurs avec Bogie, que maintenant Betty ne se rappelait plus rien. Rien. Comme si cela n'avait jamais existé.

Et pourtant un visage resterait sur les images, sur les écrans de tous les cinémas du monde : Humphrey Bogart.

Achevé d'imprimer le 10 avril 1981
sur presse CAMERON
dans les ateliers de la S.E.P.C.
à Saint-Amand-Montrond (Cher)
pour le compte des Éditions Balland
33, rue St-André des Arts-75006 Paris

ISBN. 2.7158.0303.6
HSC. 81.4.67.0761.6

Dépôt légal : 2e trimestre 1981.
No d'Impression : 600-329.

Imprimé en France